JN334737

少子化は
止められるか？

政策課題と今後のあり方

編著 阿部正浩 Masahiro Abe

有斐閣

目　次

はじめに ——————————————————— 11
●少子化は止められるか？

第1章　政府はどのような少子化対策を行ってきたのか？ ——————— 21
[阿部正浩・加藤久和・中井雅之]

1　少子化の進展とその背景 …………………………………22
- 1.1　複雑な少子化要因　23
- 1.2　結婚行動の変化　25
- 1.3　経済社会環境の変化　27
- 1.4　日本創成会議での議論　29

2　政府の少子化対策 …………………………………………30
- 2.1　政府の少子化要因に対する認識　31
- 2.2　少子化対策の経緯　32
- 2.3　少子化社会対策基本法，少子化社会対策大綱　34
- 2.4　次世代育成支援対策推進法　36
- 2.5　育児休業制度の整備等の仕事と子育ての両立支援　37

3　最近および今後に向けた動き …………………………39
- 3.1　子育て支援の動き　41
- 3.2　働き方の見直しの動き　43
- 3.3　少子化対策の財政規模について　44

第2章　子育てと仕事の非両立が少子化を進めたのか？ —— 47
[宇南山卓]

1　少子化の原因は何か？ ……………………………………48
2　少子化・非婚化と女性の労働力化 ………………………50

2.1　少子化と非婚化　50
　　2.2　有配偶出生率の動向　52
　　2.3　女性の社会進出と非婚化　54
　3　両立可能性の推移 …………………………………………56
　　3.1　両立可能性の計測　56
　　3.2　M字カーブと両立可能性　57
　　3.3　コーホート分析による両立可能性の計測　59
　4　非婚化の原因と両立可能性 ………………………………63
　　4.1　結婚の意思決定と結婚の経済学　63
　　4.2　家計内分配と非婚化　65
　　4.3　非婚化対策と両立支援　68
　5　重要なのは結婚・出産と就業の両立支援 ………………70

第3章　子どもは親の生活満足度を高めるか？ ── 75
　　　●国際比較の結果から　　　　　　　　　［松浦司・影山純二］
　1　生活満足度を調べる理由 …………………………………76
　2　子どもと生活満足度の国際比較 …………………………78
　3　日本における子どもと生活満足度の関係 ………………79
　4　生活満足度に対する子どもの影響 ………………………80
　5　福祉レジームと子どもを持つ満足度 ……………………83
　6　理想子ども数 ………………………………………………85
　7　子育て負担が問題 …………………………………………87

第4章　「子育てする企業」の特徴は？ ── 91
　　　　　　　　　　［阿部正浩・朝井友紀子・児玉直美・齋藤隆志］
　1　少子高齢化と企業の役割 …………………………………92
　2　WLB制度の整備状況 ……………………………………94

3 WLB制度と女性の継続就業 …………………………98
4 求められる「子育てする企業」 …………………101
5 補論：Blinder-Oaxaca分解について ……………………102

第5章 地方自治体の少子化対策は効果があったのか？ ── 109
［松田茂樹・佐々井司・高岡純子・工藤豪］
1 検証されていない自治体の少子化対策の効果 …………110
2 地域別に見た合計特殊出生率の特徴 …………………111
3 自治体ヒアリングから得られた知見 …………………115
　3.1 少子化に対する首長・担当者・住民の認識　116
　3.2 少子化の要因　117
　3.3 具体的な施策　117
　3.4 少子化対策の成果とその評価　118
　3.5 今後の少子化対策　120
4 アンケート調査からわかった事実 ……………………123
　4.1 結婚・出産・子育て支援の効果　123
　4.2 定住策・住宅・企業誘致の効果　128
5 少子化対策と地方創生 …………………………………131

第6章 少子化対策で将来の出生率や人口はどうなるか？ ── 135
●少子化対策と出生動向に関する将来シミュレーション
［加藤久和・中野諭］
1 少子化対策で将来の出生率や人口はどうなるか？ ……136
2 出生・人口予測モデルの構造 …………………………137
　2.1 出生率推定ブロックの構造　139
　2.2 将来人口推計モデルの構造　140

 2.3　労働市場需給モデルの概要　141
 2.4　ファイナル・テストの結果　143
3　シミュレーションの実施と将来推計の結果 ……………144
 3.1　出生率の将来推計　146
 3.2　総人口の将来推計　148
4　将来の日本社会のために現世代ができること …………150

おわりに ──────────────────── 153
 ●何が問題で何が必要か？　少子化対策に望まれること
わが国の持続可能性はあるか？ ……………………………153
結婚や子育ての費用が高いことが問題 ……………………156
少子化対策の絶対量が足りないことが問題 ………………158
少子化対策のコーディネーションに問題 …………………160
少子化を食い止めるために …………………………………162

事項索引　165
人名索引　173

図表一覧

第1章　政府はどのような少子化対策を行ってきたのか？
図1-1　合計特殊出生率の推移　23
　1-2　女性の平均初婚年齢　25
　1-3　女性の初婚率の分布（人口千対）　26

第2章　子育てと仕事の非両立が少子化を進めたのか？
図2-1　合計特殊出生率の低下の要因分解　51
　2-2　予定子ども数・希望する子ども数の推移　53
　2-3　女性の労働力と未婚率の推移（20～44歳）　55
　2-4　年齢階級別の女性の労働力率　58
　2-5　コーホートデータによる結婚と離職の関係　62
　2-6　女性の雇用形態別賃金の推移（男性の賃金を100とした場合）　67
表2-1　完結出生児数の動向　52
　2-2　女性の婚姻状態と労働力状態（1990年と2010年）　55

第3章　子どもは親の生活満足度を高めるか？
図3-1　子どもと生活満足度の関係　81
　3-2　福祉レジームごとの理想子ども数　86
　3-3　福祉レジームごとの超過理想子ども割合　87

第4章　「子育てする企業」の特徴は？
図4-1　出産・育児に関わる支援制度の有無　95
　4-2　労働時間短縮施策を採用する企業が増加　96
　4-3　継続就業率，女性正社員比率，女性管理職比率，女性部長比率の変化　97
　4-4　継続就業率の上昇のほぼすべてが制度運用要因によるもの　99
　4-5　継続就業率が上昇したのは，労働時間短縮施策に対する労働者，企業の対応の変化によるもの　100

第5章　地方自治体の少子化対策は効果があったのか？

図 5-1　都道府県別に見た合計特殊出生率（2013 年）　112
5-2　母の年齢別に見た合計特殊出生率（2013 年）　113
5-3　都道府県別に見た合計特殊出生率と 65 歳人口割合（2010 年）　114
5-4　結婚・出産・子育て支援が出生率，転出者率，総人口変化率に与えた効果　127
5-5　企業誘致が出生率，転出者率，総人口変化率に与えた効果（2005 年，人口 1 万人）　129
5-6　若い世代の定住や域外からの移住のための取り組みが出生率，転出者率，総人口変化率に与えた効果　131

表 5-1　市区町村における結婚・出産・子育て支援の実施率　125
5-2　市区町村における若い世代の定住や域外からの移住のための取り組み内容　130

第6章　少子化対策で将来の出生率や人口はどうなるか？

図 6-1　出生・人口予測モデルの構造　139
6-2　TFR に関するファイナル・テストの結果　143
6-3　TFR の将来推計　146
6-4　有配偶率の試算（ベースラインケース）　147
6-5　出生率の試算（ベースラインケース）　148
6-6　総人口の予測　149

おわりに
表 1　人口と GDP　154

本書のコピー，スキャン，デジタル化等の無断複製は著作権法上での例外を除き禁じられています。本書を代行業者等の第三者に依頼してスキャンやデジタル化することは，たとえ個人や家庭内での利用でも著作権法違反です。

執筆者紹介 (執筆順)

阿部正浩(あべ　まさひろ)　　　担当：編集,はじめに,第1,4章,おわりに
中央大学経済学部教授
主な著作：『日本経済の環境変化と労働市場』(東洋経済新報社, 2005年)

加藤久和(かとう　ひさかず)　　　　　　　担当：第1,6章
明治大学政治経済学部教授
主な著作：『人口経済学入門』(日本評論社, 2001年)

中井雅之(なかい　まさゆき)　　　　　　　　担当：第1章
厚生労働省職業安定局雇用政策課長

宇南山　卓(うなやま　たかし)　　　　　　担当：第2章
一橋大学経済研究所准教授
主な著作：『マクロ経済学の第一歩』(共著, 有斐閣, 2013年)

松浦　司(まつうら　つかさ)　　　　　　　担当：第3章
中央大学経済学部准教授
主な著作：『高齢社会の労働市場分析』(編著, 中央大学出版部, 2014年)

影山純二(かげやま　じゅんじ)　　　　　　担当：第3章
明海大学経済学部准教授
主な著作："Happiness and Sex Difference in Life Expectancy" (*Journal of Happiness Studies*, Vol. 13, No. 5, pp. 947–967, 2012)

朝井友紀子(あさい　ゆきこ)　　　　　　　担当：第4章
東京大学社会科学研究所特別研究員 (PD)
主な著作："Parental Leave Reforms and the Employment of New Mothers: Quasi-experimental Evidence from Japan" (*Labour Economics*, Vol. 36, pp. 72–83, 2015)

児玉直美（こだま　なおみ）　　　　　　　　　　担当：第4章
一橋大学経済研究所准教授
主な著作："The Impact of Globalization on Establishment-Level Employment Dynamics in Japan"（with Tomohiko Inui, *Asian Economic Papers*, Vol. 14, No. 2, pp. 41-65, 2015）

齋藤隆志（さいとう　たかし）　　　　　　　　　　担当：第4章
明治学院大学経済学部准教授
主な著作：「企業内賃金分散・仕事満足度・企業業績」（共著，『日本経済研究』第58号，38～55頁，2008年）

松田茂樹（まつだ　しげき）　　　　　　　　　　担当：第5章
中京大学現代社会学部教授
主な著作：『少子化論——なぜまだ結婚・出産しやすい国にならないのか』（勁草書房，2013年）

佐々井　司（ささい　つかさ）　　　　　　　　　　担当：第5章
福井県立大学地域経済研究所教授
主な著作：「人口からみた社会変動」（社会福祉士養成講座編集委員会編『社会理論と社会システム』中央法規出版，2014年，所収）

高岡純子（たかおか　じゅんこ）　　　　　　　　　　担当：第5章
ベネッセ教育総合研究所次世代育成研究室長
主な著作：「子育て支援・家庭支援の実情と課題——企業の子育て支援」（『児童心理』第59巻第12号，2005年）

工藤　豪（くどう　たけし）　　　　　　　　　　担当：第5章
埼玉学園大学人間学部非常勤講師
主な著作：「結婚動向の地域性——未婚化・晩婚化からの接近」（『人口問題研究』第67巻第4号，3～21頁，2011年）

中野　諭（なかの　さとし）　　　　　　　　　　担当：第6章
労働政策研究・研修機構副主任研究員
主な著作：『労働力需給の推計——労働力需給モデル（2013年度版）による政策シミュレーション』（労働政策研究・研修機構, JILPT資料シリーズ No. 129, 2014年）

はじめに
少子化は止められるか？

　日本の少子高齢社会の進行が止まらない。

　一人の女性が生涯にわたって何人の子どもを出産しているかを示す合計特殊出生率は，第二次世界大戦終了後は一貫して低下傾向にある。1970年代半ばには人口が減少するとされる水準（人口置換水準)[1]よりも低い水準となった。1989年には丙午であった1966年の1.58を下回る1.57まで低下し，1.57ショックとも呼ばれた。その後も合計特殊出生率は低下し続け，ついに2005年には1.26まで落ちた。2006年以降は上昇に転じたが，2014年には再度低下し1.42となっている。

　合計特殊出生率の低下で若年人口が減少する一方，高齢化も進んでいる。

　人口全体に占める65歳以上人口の割合を高齢化率と呼ぶが，これは戦後一貫して上昇傾向にある。1950年に5%に満たなかった高齢化率は，70年に高齢化社会と定義される7%を超え，94年には高齢社会と定義される14%を超えている。高齢化率が21%を超えると一般的に超高齢化社会と呼ばれるが，現在の高齢化率は25.1%にも達している。

---

[1] 人口が増加も減少もしない均衡した状態となる合計特殊出生率水準のことで，日本の現在のそれは2.07とされる。

こうした少子高齢社会の進行はさまざまな問題を日本の社会に引き起こしている。

　まずは人手不足の問題だ。

　アベノミクスの効果もあって，現在の労働市場は人手不足の状態が続いている。求職者1人に対して求人がいくつあるかを示す有効求人倍率は2015年7月時点で1.21となっており，求人が超過している状態だ。この倍率が前年同期に比べて高まっているのは，求人数が増える一方で求職者数が減っていることが影響していることがわかっている。労働市場から人がいなくなりつつあるのだ。

　人手不足は労働市場だけの問題でない。地域コミュニティを維持するうえでも重要で，とくに地方では都市部よりも高齢化率が高いと同時に過疎が進んでいることもあって，その担い手不足が深刻化している。たとえば，祭りなどの地域の行事が行いにくくなっていたり，地域の日常的な見守りができなくなっていたりなど，コミュニティ内でさまざまな人手不足による問題が生じている。さらに，農村部の耕作放棄地問題や地域の自然環境保全などを考えると，地域での少子高齢化の問題は深刻の度合いを増していると言える。

　第2の問題が社会保障だ。

　高齢化率が高まることで年金や医療費などの社会保障支出は自然と増えるから，財政は逼迫する。一方，高齢化と同時に進む少子化によって，現役として働ける労働力は減少していくか

はじめに

ら，社会保障を支えるための税金や社会保険料は一段と高くなっていく。税金や社会保険料が高くなれば，働く人々の勤労意欲に対して負の影響を与えかねず，財政状況はむしろ悪くなるかもしれない。税と社会保障の改革はこれまで長年にわたって議論されているが，少子高齢化がさらに進めば社会保障の持続性がより深刻な問題になっていくだろう。

また，社会保障の問題は財政だけの問題ではない。医療や介護の現場が維持できなくなりつつあることも同様に深刻な問題となっている。高齢化が進めば医療や介護を受ける必要がある高齢者が増えるが，それを支える医療や介護の従事者は少子化で不足する可能性が高まっている。医療難民や介護難民の問題がすでに取り沙汰されているが，今後ますますこの問題は大きくなっていくだろう。

これ以外にも，高齢化でマクロの貯蓄率が低下したり，所得や資産の格差が相対的に大きい高齢者が増加することによって消費者行動が変化したりと，経済や企業活動に大きな影響を及ぼすと考えられる。

こうした問題が予見されていたからこそ，これまで政府や自治体は少子化対策や高齢化対策を行ってきた。たとえば，少子化対策については1995年に「今後の子育て支援のための施策の基本的方向について」（通称はエンゼルプラン）が策定され，それ以降も2001年の「重点的に推進すべき少子化対策の具体

的実施計画について」(同，新エンゼルプラン)，2003 年の「少子化対策基本法」，2010 年の「子ども・子育てビジョン」，そして 2015 年には新しい「少子化社会対策大綱」が策定され，それぞれ個別具体的な施策が実施されてきた。また，1995 年に「高齢社会対策基本法」が制定され，2012 年に新しい「高齢社会対策大綱」が策定されている。

　ところが，これまでさまざまな対策が実施されていながら，わが国の少子化は止まっていない。なぜ止まらないのか。これまでの対策に問題があり，その対策が有効ではなかったのか。それとも，少子化を進める要因が別にあり，新たな対策が必要だからなのか。どうしたら少子化は止められるのか。

　われわれは，日本学術振興会から委託を受け，2013 年 10 月から 2 年間にわたって「少子化対策に関わる政策の検証と実践的課題の提言」(研究代表者：阿部正浩) というプロジェクトを行ってきた[2]。このプロジェクトでは，これまでの政府や企業，そして地方自治体が行ってきた少子化対策について，その有効性と問題点を検証してきた。

　その結果，わかったことがいくつかある。詳しくは本文を読

---

2) 正式には，日本学術振興会「課題設定による先導的人文学・社会科学研究推進事業」実社会対応プログラム，課題 (研究領域)：人口動態を踏まえた日本の国と社会のかたち「少子化対策に関わる政策の検証と実践的課題の提言」である。

んでもらうとして，わかったことの1つは，これまで行われてきた少子化対策は個別には有効なものがあるということだ。たとえば保育園を増やすことや医療費助成を講じることなど，個々の対策は少子化対策として少なからず効果はある。

であれば，今までどおりに対策を実行すればよいと思われるかもしれないが，そうではない。個別には有効な少子化対策だが，総体としては少子化の進行を食い止められていないのだ。

では，それはなぜか。

1つだけその理由を紹介する。ある自治体が少子化対策を一生懸命に行うと，その自治体の出生率は高まる。その自治体の少子化対策は有効なのだ。ところが問題なのは，その周囲の自治体の出生率は下がり，少子化がむしろ進行してしまう点だ。出産をした人や出産を予定している人たちが，少子化対策を一生懸命に行う子育てしやすい自治体に移動してしまうからだ。つまり，ある自治体が少子化対策をしても，それは出産しようとする人を新たに増やしているわけではなく，周辺自治体の出産した人や出産予定者を移動させただけで，自治体間のゼロサム・ゲームが起きているのだ。

本書では，今回のプロジェクトで浮き彫りになった他の課題についても指摘している。各章の概要をざっと紹介しておこう。

「第1章　政府はどのような少子化対策を行ってきたのか？」では，少子化の現状と少子化対策についてオーバービューする。まず，合計特殊出生率は第二次世界大戦直後から低下傾向が続

いており，2005年の1.26を底にして最近では上昇傾向にあったが，2014年には9年ぶりに低下し1.42となったことを見る。そのうえで，合計特殊出生率が結婚行動と既婚者の出生行動によって影響されることを簡単に説明し，これまでの政府による少子化対策の概要を説明する。同時に，政策と結婚や出生行動とがどのような関係になっているかについても説明する。

「第2章 子育てと仕事の非両立が少子化を進めたのか？」では，出生率の低下が，①人々の結婚行動が変化したからなのか，それとも②既婚者の出生行動が変化したからなのか，どちらの影響が強かったのかを検証する。分析の結果，既婚者の出生子ども数も減少傾向にはあるが，それ以上に結婚する男女が減少していることが出生率低下に大きく影響していることがわかった。さらに，未婚化が進む原因を分析すると，女性が結婚ではなくて働くことを選んだ結果である可能性が高いことがわかった。したがって，結婚や子育てと両立可能な働き方を可能にすることが重要な少子化対策であると考えられる。

「第3章 子どもは親の生活満足度を高めるか？」では，既婚者の出生子ども数が減少傾向にある背景を分析する。具体的には，子どもを持つことによって親の生活満足度がどう変化するかを国際比較の視点から分析している。子どもを持つことによって満足度が高まるなら，人々はもっと子どもを持とうとするかもしれない。しかし現実には子ども数が減少しており，子どもを持つことで親の満足度が低くなっている可能性がある。

分析の結果，子どもを持つことによって親の生活満足度は低くなる可能性があるが，それは国によって異なることがわかった。伝統的な家族制度の残る国では子どもを持つことで親の満足度，とくに女親の満足度は低くなる一方，非伝統的家族制度の国では子どもを持つことで女親の満足度は高まっている。わが国は伝統的家族制度が残る国であり，女性の子育て費用が高いと考えられ，それが子ども数の低下の背景にあると考えられる。

「第4章 『子育てする企業』の特徴は？」では，企業の両立支援策は女性の働き方と結婚や出産にどのような効果があったかを検証している。第2章および第3章で見たように，少子化の進行には主に結婚や子育てと働き方の両立可能性が影響していた。このため，これまで政府は育児・介護休業法などを中心とした両立支援策を企業に定着させ，その利用を促進するような政策をとってきた。はたして両立支援策は女性の継続就業と結婚や出産の両立可能性を高めただろうか。ここでは，2006年と2014年の2時点間における，企業の両立支援に対する取り組みの変化がその間の女性の定着にどのような影響をもたらしたかを見た。分析結果によれば，両立支援策は女性の定着率を高めており，それには企業が両立支援策を以前よりも拡充したことによる影響よりも，労働者が両立支援策をより利用できるようになったことが影響していた。

「第5章 地方自治体の少子化対策は効果があったのか？」では，地方自治体が行っている少子化対策の効果を検証する。

地方自治体の対策に焦点を当てるのは，出生率が地域によってかなりの幅があるからだ。都道府県別の合計特殊出生率を見ると，大部分の都道府県で全国平均よりも高い出生率となっており，全国平均よりも低い都道府県は10程度しかない。概して，出生率の高い地域ほど女性20歳代後半と30歳代前半における出生率が高い。こうした地域間で見られる出生率の格差はさまざまな要因によってもたらされるが，その1つには少子化対策の地域差があげられるかもしれない。そこで，この章では市区町村が行ってきた結婚・出産・子育て支援（狭義の少子化対策）と定住策・住宅・企業誘致（広義の少子化対策）が出生率等に与える効果を分析した。分析結果から，結婚・出産・子育て支援は出生率回復や転出者の抑制，地域人口の増加に一定程度の寄与があった。出生率回復，人口回復のために，自治体は引き続き結婚・出産・子育て支援を拡充することが必要である。ただし，特定の施策を強化するのみでは地域の出生率等が回復することはない。地域の出生率を回復するためには，住民のバリエーションに合わせた幅広い少子化対策のメニューが必要と言える。

　「第6章　少子化対策で将来の出生率や人口はどうなるか？」は，マクロ経済モデルを用いて，少子化政策の効果が現れた場合に将来の出生率や総人口がどのように推移するかについて，シミュレーション分析を行った。その結果，出生率の将来推計では，少子化に関連する社会支出（児童家族関係給付費）が多

くなるほど，また経済成長率が高まるほど出生率は改善する傾向が見られることから，児童家族関係給付費の水準を現行（2013年）の1.43％から2.0％へ高めることで，合計特殊出生率は人口の置換水準となる2.1程度まで上昇する可能性があることなどがわかった。しかしながら，現実の政府債務の水準や2020年にプライマリー・バランスの黒字化を目標としているわが国において，この児童家族関係給付費を2倍近くに引き上げることは容易なことではない。児童家族関係給付費を純増させることが難しい状況では，その他の経費，とりわけ高齢者向けの社会保障給付費等を見直す必要が出てくるであろう。

「おわりに」では第1章から第6章までの分析結果を整理し，これまでの少子化対策の評価と今後の政策についての提言を行っている。

本書が出版に至るまでの間，さまざまな方々から多くの支援を受けた。まず，この研究プロジェクトが日本学術振興会から委託されなければ，本書の出版はなかったことだろう。日本学術振興会に対して厚く御礼を申し上げたい。また，研究プロジェクトで開催したコンファレンスでは，本書の各章のもととなった論文に対して，樋口美雄（慶應義塾大学），山本勲（慶應義塾大学），池本美香（日本総合研究所），佐藤一磨（明海大学），篠原一之（長崎大学），黒田公美（理化学研究所）の各先生から貴重なコメントをいただいた。さらに，研究遂行に関し

ては川村源太，佐藤久美子，田中有理の各氏をはじめとする中央大学学事部研究助成課の皆さん，そして一橋大学，中京大学，明治大学の各研究助成課の皆さんから有益なサポートをいただいた。本書の原稿および図表の整理などは三浦明子氏の手を煩わせた。そして本書がスムーズに出版できたのは，有斐閣書籍編集第2部の渡部一樹氏のお陰である。

　日本社会全体あるいは地域社会，さらには企業にとって，少子化をどう克服するかはこれからの重要な課題であろう。その課題解決のアイディアを考えるうえで本書が参考になれば幸いである。

第 **1** 章

政府はどのような少子化対策を行ってきたのか？

阿部正浩・加藤久和・中井雅之

1 少子化の進展とその背景

　少子化問題が注目を集めはじめてからほぼ四半世紀が経過した。1990年に厚生労働省が公表した「人口動態調査」で，前年（1989年）の合計特殊出生率が1.57だったことから，いわゆる「1.57ショック」として日本社会に衝撃が走った。そして1992年に当時の経済企画庁が公表した『国民生活白書』で「少子化」という言葉が使われた。

　図1-1は，戦後わが国の合計特殊出生率の推移を示したものである。1970年代中ごろまで，合計特殊出生率は人口の置換水準とされている2.1程度を上回っていたものの，1975年に1.91とその水準を下回った。それ以降，合計特殊出生率は傾向的に低下を続け，1989年には1.57まで低下した。その後も出生率は低下し続け，2005年には1.26まで低下した。2005年以降はやや改善する傾向にあったが，2014年時点でも1.42と人口置換水準を大きく下回ったままである。

　合計特殊出生率が人口置換水準を下回る状況を「少子化」と定義するならば，わが国の少子化は40年以上も継続してきたことになる。では，わが国の少子化は何が原因で生じているのだろうか。

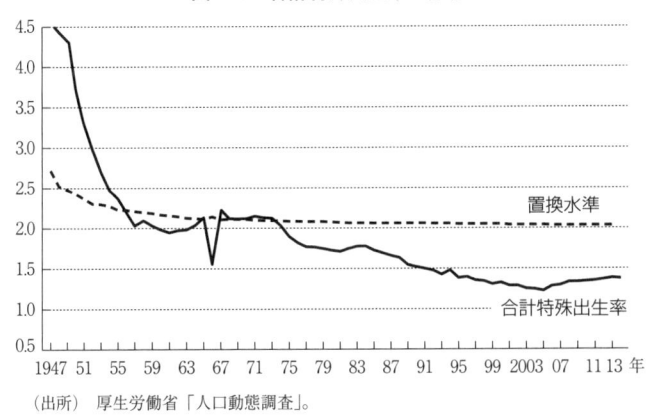

図 1-1 合計特殊出生率の推移

(出所) 厚生労働省「人口動態調査」。

1.1 複雑な少子化要因

第2章で詳しく見るが，少子化の要因は複雑だ。人々の出生行動に対して経済社会のさまざまな要因が直接間接に影響を与えるからである。このため少子化の要因を絞り込むことは難しいのだが，一般には晩婚化や未婚化などの結婚行動の変化と経済社会の環境変化にその要因を求めることが多い。

わが国では結婚と出産が直接的に結びついており，非嫡出子の割合は2013年で2.21％（厚生労働省「人口動態調査」）に過ぎない。最近では婚前妊娠を伴う結婚も増えたが，それは両者の間の密接な関係が崩れていないことの証左でもある。晩婚化や未婚化といった結婚行動の変化が出生率の低下をもたらしたという見解は妥当であろう。しかし，結婚行動の変化だけが出生率低下の要因とは言えない。もしそうであれば結婚適齢期の人口が結婚しさえすれば出生率の改善が見込まれることになる

が、それほど単純な話ではない。

　結婚と出産に密接な関係があるとするならば、結婚に対する決断には子どもを持つことに関する判断も含まれることになる。そのためには結婚した家計の所得や雇用の動向、（とりわけ女性の）就業継続の可能性などの要素を勘案することになろう。その意味では直接的な原因である結婚行動のみをもって少子化の要因とみなすことも、昨今話題となっている「婚活」などによる結婚促進が少子化対策の特効薬になるという見方も、いささか的を外れていると言わざるをえない。

　一方、結婚しても子どもを持たない夫婦が増えているという指摘もされている。国立社会保障・人口問題研究所による「出生動向基本調査（夫婦調査）」によれば、結婚した夫婦が実際に持つ子どもの数（完結出生児数）は、1987年の2.19人から2010年の1.96人へと低下している。また、夫婦が実際に持つと希望する子どもの数（平均予定子ども数）も、1992年の2.18人から2010年の2.07人へと低下している。ただし、結婚すれば平均して二人の子どもを持つことについては大きな変化はないと考えられる。その意味で、出生率には人々の結婚行動が大きな影響を与えていると言えよう。ただし、結婚しても子どもを持たない夫婦が増える傾向があることについては、その要因を探っていく必要がある。

1 少子化の進展とその背景

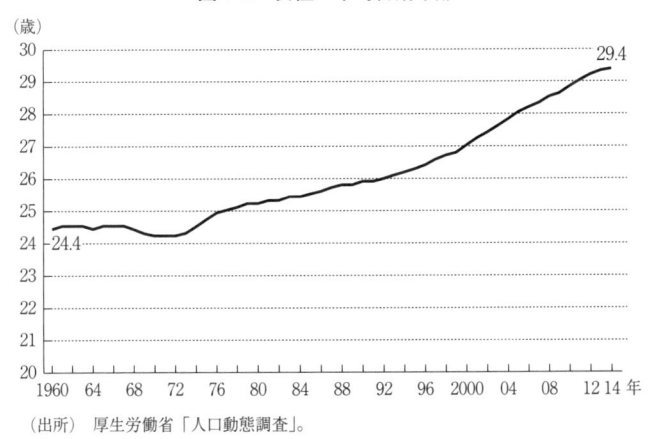

図1-2 女性の平均初婚年齢

(歳)
グラフ：1960年の24.4歳から2014年の29.4歳まで上昇。

（出所）厚生労働省「人口動態調査」。

1.2 結婚行動の変化

結婚行動の変化の状況を見るためにはいくつかの指標がある。最初に女性の平均初婚年齢を取り上げよう（図1-2参照）。1980年では25.2歳であった女性の平均初婚年齢は2000年には27.0歳，2014年には29.4歳まで上昇している。まさに晩婚化が進行しているという状況である。晩婚化は女性が持とうとする子どもの数を確実に低下させる。たとえば単純に計算して，35歳までに子どもを持とうとするなら，25歳で結婚すれば10年間の猶予があるが，29歳では6年しかないことになる。

図1-3は女性の初婚率の年齢分布を，1970年以降10年おきに示したものである。初婚率のピークとなる年齢がしだいに高齢化するとともに，そのピークの水準もまた低下していることがわかる。さらに最近になるにつれて初婚率の分布の散らばり

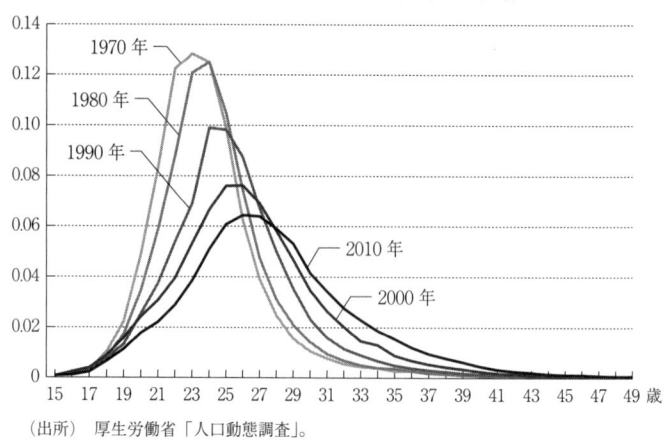

図 1-3 女性の初婚率の分布（人口千対）

（出所）厚生労働省「人口動態調査」。

も広がってきていることがわかる。

晩婚化は未婚女性の割合が増えることでもある。総務省「国勢調査」から 25～29 歳の未婚女性が同年齢層の女性人口全体に占める割合を見ると，1980 年では 24.0% であったが 2000 年では 54.0%，また 2010 年では 60.3% にまで上昇している。また，30～34 歳の未婚女性の割合も 1980 年の 9.1% から 2010 年では 34.5% まで上昇している。

以上は晩婚化の状況であるが，未婚化の進行も顕著である。生涯未婚率を 50 歳時点の未婚者の比率と定義すると，この比率は 1990 年では男性が 5.6%，女性が 4.3% であったが，2010 年では男性は 20.1%，女性は 10.6% にまで高まっている。このように晩婚化・未婚化の傾向が出生率低下に大きな影響を与えていることは明らかである。しかし問題にしなければならないのは，なぜこのように結婚行動が変化したかということであ

る。一般には価値観の変化などとされるが，しかし経済社会の環境変化も強い影響を与えていることは間違いないであろう。

1.3 経済社会環境の変化

　出生率に影響を与えると考えられる経済社会環境の変化は枚挙にいとまがない。しかしながら大別すると，①子どもを持つことのコストの上昇，②女性の結婚・育児と就業継続が両立困難な状況，③結婚や出生などに対する価値観の変化，④若年層を中心とした雇用情勢の悪化，となろう。

　このうち①子どもを持つことのコストの上昇は，従来から出生率低下の最も大きな要因と考えられてきた。子どものコストには直接費用と間接費用がある。前者は教育費用や育児費用などであり，高学歴化などがコスト増に寄与してきた（ベッカーは質・量モデルなどによってこうした点を説明してきた。詳細については加藤（2001）など参照）。後者の間接費用は，いわば子どもを持つことによって諦める必要のある所得や効用であり，子どもを持つことによる機会費用である。育児によって自由な時間が制限されることなどがこの費用に含まれる。この機会費用のうちで最大のものは，就業継続が難しくなることによる機会所得の喪失であろう。

　②結婚・育児と就業継続が両立困難な状況もまた少子化の大きな要因である。わが国では，女性が育児（そして家事も）をしながら就業継続することは家庭（夫）にとっても企業にとっ

ても負担が大きく，また結婚・育児と就業の両立を可能とする社会的な仕組みが十分に備わっているとは言いがたい状況が続いている。たとえば保育園の整備状況を見ると，都市部を中心に多くの待機児童がいるなど，まだまだ十分とは言えない。

　③結婚や出生などに対する価値観の変化は，未婚化の進展等さまざまな事象の原因としてあげられる。しかし，他の要因と異なり統計的な指標を用いて客観的に議論することは難しい。とは言え，結婚や出生に対する，とくに若年層の考え方の変化は，少子化に大きな影響を与えていることは間違いない。

　④若年層の雇用情勢の悪化もまた少子化の要因だ。20歳代後半など若年層での高い失業率や非正規就業の増加は，将来における所得等の安定を損なう要因となり，これが家族の形成（結婚）や子どもを持つ選択にも少なからず影響していると考えられる。政府による若年層の雇用安定化などの政策は，これも少子化対策の一環として捉えることができよう。

　以上，4つの要因を説明してきたが，これら以外にもたとえば狭小な住宅や職住が離れることによる長距離通勤の拡大，漸減する社会の安全性など，その他の多数の要因も少子化に影響を与えている。それだけ少子化への対応は困難であり，少子化を改善するには政策を総動員するだけの相当な覚悟がいることになる。

1.4 日本創成会議での議論

少子化が進行した要因について，都市部と地方との人口移動もまた影響しているという考え方がある。

第5章で詳しく見るが，都市部と地方では合計特殊出生率の水準に差がある。東京圏を中心とした三大都市圏には就業機会や教育機会が多くあり，それを目的に地方から多くの若者が都市部に移動してくる。このことによって地方では相対的に出生率が高くても若者の人口が減少し，出生数が減少する。さらに三大都市圏に移ってきた若者は，都市部では出産・育児に関する環境が十分に整っていないことから出生率が低く，そのため子どもを持つことが難しく少子化が進む。こうしたことが継続すれば地方のみならず，東京圏など三大都市圏の人口も縮小し，究極的には三大都市圏自体が"極点"のように小さくなってしまうという見方である。

この論理は日本創成会議（2014）が提言したものだが，これは直接的に少子化の原因を示したものではない。しかし，出生率の水準の格差と人口移動の要因が絡んで，わが国の少子化を促進させたという意味で大きな注目を集めた。この提言に対する社会的な反応としては地方創生の側面が主として取り上げられたが，三大都市圏など都市部における少子化対策へのさらなる注力という実は大事な点について十分な理解が得られていない。

2 政府の少子化対策

日本社会にとって少子化対策は重要な政策課題である。現状のような少子化が今後も続けば,よりいっそうの人口減少が生じると同時に,高齢化もより深刻な問題となる。生産年齢人口の減少は,人的資本の蓄積に負の影響をもたらし,日本経済の成長鈍化につながる可能性がある。また,少子化による生産年齢人口の減少スピードに比べると,従属人口である高齢人口の減少は緩慢であり,働き手が支える高齢者の割合は今後大幅に増えると予想される。年金や医療といった社会保障の問題は深刻になっていくだろう。

ところで,政府が少子化問題に本格的に取り組むようになった契機は,1990(平成2)年のいわゆる「1.57ショック」であった。そしてこれまで,エンゼルプラン(1994年)や新エンゼルプラン(1999年),待機児童ゼロ作戦(2001年),子ども・子育て応援プラン(2005年),新待機児童ゼロ作戦(2008年)など,少子化対策のパッケージを政府は矢継ぎ早に展開してきた。同時に,少子化社会において講じられる施策の基本理念を明らかにし,少子化対策を総合的に推進するため,2003年に少子化社会対策基本法が制定され,2004年には同法に基づく少子化社会対策大綱も策定された。あわせて,次世代育成支援対策推進法の制定(2003年)など,法制度の整備も図り,

仕事と子育ての両立支援の充実も行ってきている。

2.1 政府の少子化要因に対する認識

1997年10月に当時の厚生省人口問題審議会が取りまとめた「少子化に関する基本的考え方について——人口減少社会，未来への責任と選択」において，少子化の主な要因を未婚率の上昇（晩婚化の進行と生涯未婚率の上昇）と夫婦の平均出生児数と平均理想子ども数との開きであるとし，その背景としては，

①個人の結婚観，価値観の変化

②親から自立して結婚生活を営むことへのためらい

③育児の負担感，仕事との両立の負担感

④結婚・子育ての選択により継続就業を断念した場合に失う利益の増加

⑤教育費をはじめとする子育てコストの拡大

をあげている。

また，新エンゼルプランのための基本方針として，1999年12月に少子化対策推進関係閣僚会議で決定された「少子化対策推進基本方針」においては，少子化の要因を晩婚化の進行等による未婚率の上昇とし，その背景には，仕事と子育ての両立の負担感の増大や子育ての負担感の増大等があるとしている。

このような認識のもと，少子化対策の具体的な施策の内容としては，当初の保育サービスの拡充・充実中心から，雇用環境，母子保健，相談，教育等にも拡大されていき，2000年代に入

ってからは，男性を含めた働き方の見直しや家庭や地域の子育て力の低下に対応した社会全体での次世代育成支援の取り組みの強化も図ってきた．

現行の少子化対策は，「『子どもと家族を応援する日本』重点戦略」や「少子化危機突破のための緊急対策」にも示されているとおり，「子育て支援」と「働き方の見直し（仕事と子育ての両立支援，ワーク・ライフ・バランス）」を車の両輪としつつ，若者の就労支援や妊娠・出産支援等も含めて総合的に実施する形となっている．

2.2 少子化対策の経緯

《エンゼルプラン》 1994年に策定されたエンゼルプランにおける基本的な視点は，①子どもを持ちたい人が，安心して子どもを生み育てることができるような環境整備，②家庭における子育てを支えるため，あらゆる社会の構成メンバーが協力していくシステムを構築，③子育て支援施策は，子どもの利益が最大限尊重されるよう配慮，というものであった．

この基本的視点を受けて，①仕事と育児の両立のための雇用環境の整備，②多様な保育サービスの充実，③安心して子どもを生み育てることができる母子保健医療体制の充実，④住居および生活環境の整備，⑤ゆとりある学校教育の推進と学校外活動・家庭教育の充実，⑥子育てに伴う経済的負担の軽減，⑦子育て支援のための基盤整備，の7つの重点施策があげられてい

る。

　また，エンゼルプランの具体化の一環として，1995～99年の5年間を計画期間とし，多様な保育サービスの充実を行う「緊急保育対策等5か年事業」が実施されている。

《新エンゼルプラン》　1999年に策定された新エンゼルプランは，エンゼルプランと緊急保育対策等5か年計画を見直したもので，2000～2004年度までの5年計画であった。

　具体的な施策の内容は，①保育サービス等子育て支援サービスの充実，②仕事と子育ての両立のための雇用環境の整備，③働き方についての固定的な性別役割分業や職場優先の企業風土の是正，④母子保健医療体制の整備，⑤地域で子どもを育てる教育環境の整備，⑥子どもたちがのびのび育つ教育環境の実現，⑦教育に伴う経済的負担の軽減，⑧住まいづくりやまちづくりによる子育ての支援，の8分野からなっている。

《待機児童ゼロ作戦》　政府の男女共同参画会議の決定（2001年6月）を受けて閣議決定された「仕事と子育ての両立支援策の方針について（2001年7月）」等に盛り込まれたのが待機児童ゼロ作戦である。

　保育所，保育ママ，自治体におけるさまざまな単独施策，幼稚園における預かり保育等を活用し，潜在を含めた待機児童を解消するため，2002年度中に5万人，2004年度までに10万人，

計15万人の受入児童数の増大を図ったものであった。

《子ども・子育て応援プラン》 2004年12月に策定された子ども・子育て応援プランは，新エンゼルプランの後継プランとして，少子化社会対策大綱（2004年6月策定）の掲げる重点課題に沿って具体的な施策の実施を行うもので，2005～2009年度までの5年間の計画であった。

　なお，4つの重点課題として，①若者の自立とたくましい子どもの育ち，②仕事と家庭の両立支援と働き方の見直し，③生命の大切さ，家庭の役割等についての理解，④子育ての新たな支え合いと連帯，があげられている。

《新待機児童ゼロ作戦》 新待機児童ゼロ作戦は，「『子どもと家族を応援する日本』重点戦略」（2007年12月策定，後述）を受け，2008年2月に策定された。希望するすべての人が子どもを預けて働くことができるためのサービスの受け皿を確保し，待機児童をゼロにするとし，2009～2011年度の3年間を集中重点期間として取り組まれた。

2.3 少子化社会対策基本法，少子化社会対策大綱

　少子化の進行に伴い，少子化社会対策に関する基本法制定の機運が高まり，1999年12月には，議員立法として「少子化社会対策基本法案」が国会に提出され，何度かの継続審議等を経

て，2003年7月に成立し，同年9月から施行されている。

　同法は，少子化対策において講ずる施策の基本理念を示すとともに，少子化に対処するための施策を総合的に推進することを目的としたものであり，同法に基づき，少子化社会対策会議が設置され，2004年6月には少子化社会対策大綱が策定された（前述のとおり，具体的な施策は子ども・子育て応援プランにより実施）。

《「子どもと家族を応援する日本」重点戦略等の動き》 2006年に公表された「日本の将来推計人口」において示された少子高齢化についてのいっそう厳しい見通しや社会保障審議会の「人口構造の変化に関する特別部会」の議論の整理等を踏まえ，2007年12月に少子化社会対策会議で，「『子どもと家族を応援する日本』重点戦略」が取りまとめられた。

　この戦略の視点として，就労と出産・子育ての二者択一構造を解決するためには，「働き方の見直しによる仕事と生活の調和の実現」とともに，「包括的な次世代育成支援の枠組みの構築（多様な働き方に対応した子育て支援サービスの再構築）」を車の両輪として取り組むことが必要とされた。

　このうち，「働き方の見直し」については，2007年12月に仕事と生活の調和推進官民トップ会議で決定された「仕事と生活の調和（ワーク・ライフ・バランス）憲章」および「仕事と生活の調和推進のための行動指針」により，「包括的な次世代

育成支援の枠組み」については，2008年2月に策定された「新待機児童ゼロ作戦」により，取り組みが推進された。

《子ども・子育てビジョン》 2010年1月には，新たな少子化社会対策大綱として「子ども・子育てビジョン」が策定され，目指すべき社会への政策4本柱として，①子どもの育ちを支え，若者が安心して成長できる社会へ，②妊娠，出産，子育ての希望が実現できる社会へ，③多様なネットワークで子育て力のある地域社会へ，④男性も女性も仕事と生活が調和する社会へ（ワーク・ライフ・バランスの実現）と，それに対応した12の主要政策として，子ども手当（その後，児童手当に制度変更），高校の実質無償化等の教育機会の確保，非正規雇用対策，若者の就労支援，潜在的な保育ニーズの充足も視野に入れた保育所待機児童の解消，地域子育て支援拠点の設置促進，長時間労働の抑制，男性の育児休業の取得促進といった働き方の見直し等が盛り込まれている。

2.4 次世代育成支援対策推進法

次世代育成支援対策推進法は，2002年に公表された「日本の将来推計人口」により，より深刻な少子化の進行が懸念されたことを受け，国全体で次世代育成支援対策を2005〜2014年度の10年間に集中的・計画的に実施するため，2003年に時限法として制定された法律である。

同法に基づき，国において地方公共団体および事業主が行動計画を策定する際の行動計画策定指針を策定し，それを踏まえて地方公共団体，企業，国は，次世代育成支援のための地方公共団体行動計画（市町村行動計画，都道府県行動計画），事業主行動計画（企業が策定する一般事業主行動計画，国，地方公共団体が使用者として策定する特定事業主行動計画）を策定・公表し，次世代育成支援のための環境整備に取り組むこととなった。

　このうち企業においては，行動計画に定めた目標を達成したなどの一定の基準を満たした場合は，申請をして，都道府県労働局長から「子育てサポート企業」としての認定（くるみん認定）を受けることができる。

　なお，2008年の法改正により，2011年4月からは，行動計画の策定・届出等の義務づけ対象範囲が，それまでの労働者301人以上事業主から労働者101人以上の中小事業主へ拡大されるとともに，行動計画の公表および従業員への周知が義務づけられている。

2.5　育児休業制度の整備等の仕事と子育ての両立支援

　育児休業制度は，1992年に施行された育児休業法（1995年施行の法改正で「育児・介護休業法」に名称変更）により，それまで女性のみに対する努力義務であった育児休業（男女雇用機会均等法に規定されていた）を1歳未満の子を有する男女労

働者の請求権として制度化したものであり，当時の「1.57 ショック」も法制化に影響を与えたと考えられる。

 その後，何度かの法改正により所定労働時間の短縮，所定外労働の免除，子の看護休暇制度など，仕事と子育ての両立支援のための制度が拡充されてきた。

 2010 年に施行された最新の改正法の主な内容は，①子育て期間中の働き方の見直しとして，3 歳までの子を養育する労働者について，短時間勤務制度（1 日原則 6 時間）を設けることの義務化，②父親も子育てができるための制度の充実として，父母がともに育児休業を取得する場合，1 歳 2 カ月（従前は 1 歳）までの間に 1 年間育児休業を取得可能とするパパ・ママ育休プラス（日本版パパクオータ制度とも言える）の創設等，となっており，2012 年 7 月にそれまで猶予されていた従業員 100 人以下の規模の事業主も対象として完全実施されている。

 また，1995 年には，雇用保険法の改正により，育児休業給付が創設された。当初の支給率は育児休業前賃金の 25% であったが，2001 年には 40%，2007 年には 50% に引き上げられている（後述するとおり，2014 年 4 月からは半年間 67% に引き上げ）。

 さらに，こうした法制度の施行にあわせ，仕事と家庭の両立支援策として，①妊娠中・出産後の母性保護，母性健康管理，②両立支援等助成金を通じた事業主への支援，③表彰制度や好事例集の普及による事業主へのノウハウ提供，取り組みの促進，

④長時間労働の抑制,年次有給休暇の取得促進等のワーク・ライフ・バランスの推進,⑤イクメンプロジェクトによる男性の育児休業取得等,育児参加に対する社会的気運の醸成など,各種施策が実施されている。

3 最近および今後に向けた動き

こうした取り組みの中,合計特殊出生率は,2005年の1.26を底に上昇傾向に転じ,2013年には1.43,2014年には1.42となっている。その水準は人口置換水準と言われる2.07と比較しても低く,少子化の流れが変わったとまでは言えない。このため,少子化対策の取り組みをさらに進めていく必要があるが,最近もさまざまな動きが出てきている。

2015（平成27）年3月20日には,2004（平成16）年と2010（平成22）年に続き,今回で3回目となる少子化社会対策大綱が閣議決定された。この大綱では,少子化は新たな局面を迎えたとしつつ,次の5つの基本的な考え方が示されている。①結婚や子育てしやすい環境となるよう,社会全体を見直し,これまで以上に対策を充実し,②個々人が結婚や子どもについての希望を実現できる社会をつくることを基本的な目標とする（ただし個々人の決定に特定の価値観を押し付けたり,プレッシャーを与えたりすることがあってはならないことに留意）。また,

③「結婚，妊娠・出産，子育ての各段階に応じた切れ目のない取組」と「地域・企業など社会全体の取組」を両輪としてきめ細かく対応すると同時に，④今後 5 年間を「集中取組期間」と位置づけ，重点課題を設定し，政策を効果的かつ集中的に投入し，⑤長期展望に立って，子どもへの資源配分を大胆に拡充し，継続的かつ総合的な対策を推進する，という 5 つである。

このうち，集中取組期間と位置づけられた 2015 年から 2020 年にかけては，①子育て支援施策のいっそうの充実，②若い年齢での結婚・出産の希望実現，③多子世帯へのいっそうの配慮，④男女の働き方改革，⑤地域の実情に即した取組強化が，重点課題としてあげられている。子育て支援施策のいっそうの充実は，「子ども・子育て支援新制度」の円滑な実施や待機児童の解消，「小 1 の壁」の打破がその具体的施策としてあげられている。また，若い年齢での結婚・出産の希望実現については若者の雇用の安定など経済的基盤の安定と結婚に対する取り組み支援が，多子世帯へのいっそうの配慮については子育て・保育・教育・住居などの負担軽減などが，そして男女の働き方改革については長時間労働是正などを促す男性の意識・行動改革や「ワーク・ライフ・バランス」・「女性の活躍」が具体的施策とされている。さらに，地域の実情に即した取組強化では，地域の「強み」を活かした取り組みだけでなく，「地方創生」と連携した国と地方の協調した取り組みも必要との認識も示している。

3.1 子育て支援の動き

《子ども・子育て支援新制度》 社会保障・税の一体改革の一環として 2012 年に成立した子ども・子育て関連 3 法（「子ども・子育て支援法」「就学前の子どもに関する教育，保育等の総合的な提供の推進に関する法律の一部を改正する法律」「子ども・子育て支援法及び就学前の子どもに関する教育，保育等の総合的な提供の推進に関する法律の一部を改正する法律の施行に伴う関係法律の整備等に関する法律」）に基づき，子ども・子育て支援新制度が 2015 年 4 月から本格施行されている。

これにより，消費税を財源とした質・量ともに充実した多様な保育サービスが提供されることが期待されている[1]。制度のポイントとしては，以下の 3 点があげられる[2]。

①認定こども園，幼稚園，保育所を通じた共通の給付としての「施設型給付」の創設による財政支援の一本化，および「地域型保育給付」の創設により，6 人以上 19 人以下の子どもを預かる「小規模保育」，5 人以下の子どもを預かる「家庭的保育（保育ママ）」，子どもの居宅において保育を行う「居宅訪問型保育」，従業員の子どものほか地域の子どもを保育する「事

---

1) なお，質量ともに必要な制度の拡充を行った場合に必要とされるのは 1 兆円程度と見込まれ，消費税率の引き上げにより確保される 0.7 兆円程度を含めた追加財源の恒久的な確保が課題となっている。

2) 2013 年 4 月には内閣府に子ども・子育て会議が設置され，具体的な制度設計として，基本指針や各種基準等の検討が行われている。

業所内保育」について財政支援の対象としたこと。

　②認定こども園制度の改善として，「幼保連携型認定こども園」を，法的に学校および児童福祉施設の両方の位置づけを持つ単一の認可施設とし，認可や指導監督等の一本化等により二重行政の課題などを解消するとしたこと。

　③地域の実情に応じた子ども・子育て支援の充実として，利用者に情報提供・助言等を行う利用者支援，子育ての相談や親子同士の交流ができる地域子育て支援拠点，一時預かり，放課後児童クラブ，ファミリー・サポート・センター事業など市町村が行う事業を「地域子ども・子育て支援事業」として法律上に位置づけ，財政支援を強化して，その拡充を図ること。

《待機児童解消加速化プラン》　子ども・子育て支援新制度は 2015 年度に本格実施されたが，それ以前から待機児童の解消が喫緊の課題となっていたことを踏まえ，新制度の施行を待たずに保育の受け皿を前倒しで整備することを目的として，2013 年 4 月に成長戦略の一環として「待機児童解消加速化プラン」が打ち出され，「日本再興戦略」（2013 年 6 月閣議決定）にも盛り込まれた[3]。

　これにより，2013〜2017 年度の 5 年間の取組期間で約 40 万

---

3) 2013 年 4 月の保育所の定員は 229 万人，待機児童数は 2 万 2741 人となっており，前年度と比較すると定員は約 4 万 9000 人増加したのに対し，待機児童は 2084 人の減少にとどまっている。

人分の保育の受け皿を確保し，とくに最初の2年間を「集中取組期間」として約20万人分の保育の受け皿を集中的に整備し，2015年度以降は取組加速期間として新制度のもとで取り組むことになっている。

3.2 働き方の見直しの動き

《次世代育成支援対策推進法に基づく取り組みの延長》 2014年の第186回通常国会においては，次世代育成支援対策推進法が改正され，2014年度までであった有効期間の10年間の延長，新たな認定制度の創設等の企業における仕事と子育ての両立支援の取り組みの強化が行われることとなっている。

なお，改正法案の検討に先んじて開催された「次世代育成支援対策推進法に基づく一般事業主行動計画及び認定制度に係る効果検証研究会」の報告書（2013年9月公表）においては，一般事業主行動計画の策定や「くるみん」認定の取得により，企業における仕事と子育ての両立支援の取り組みが進展し，両立支援に関わる制度の整備や利用が進むなど，一定の効果が見られたとしている。

一方，非正規雇用の労働者や男性の育児休業取得，働き方の見直し等の課題があげられ，さらに，国会審議をはじめとする法案の見直し過程では，「くるみん」の認知度の低さや取得企業数の少なさが指摘された。改正次世代育成支援対策推進法の施行においては，こうした課題に的確に対応し，次世代育成支

援の環境をいっそう整備していく必要がある。

《育児休業給付の給付率の引き上げ等》 雇用保険法が改正され，育児休業給付の給付率について，休業前賃金の50%から67%への半年間の引き上げが行われた（2014年4月から実施）。6カ月に限って引き上げられたのは，夫婦交代で両方が取得すれば，高い給付率を継続できる制度にして，男性の育休取得を促すという考えによるものである。

なお，育児休業給付は，非課税であり，育児休業期間中には社会保険料免除措置があることから（労使ともに免除），休業前の税・社会保険料支払後の賃金（いわゆる手取りベースの賃金）と比較した実質的な給付率は8割程度となる。

現状，育児休業を取得したくても，経済的理由により育児休業を取得しない労働者も相当いると考えられることから，今回の改正内容について，給付の非課税や育児休業期間中の社会保険料免除も含めて積極的に周知を行うこととしている。

3.3 少子化対策の財政規模について

少子化対策等の財政規模について触れておく。

国立社会保障・人口問題研究所「平成23年度社会保障費用統計」の家族関係の社会支出の推移によると，合計特殊出生率が1.57だった1990年の家族関係支出は約1.6兆円（対GDP比0.36%）であったが，その後は増加，上昇傾向で推移し，2009

年では約 4.6 兆円（対 GDP 比 0.96％），2011 年には約 6.4 兆円（対 GDP 比 1.35％）となっている。

これを諸外国と比較可能な 2009 年で比較すると，日本の対 GDP 比 0.96％ は，アメリカの 0.70％ や韓国の 0.80％ を上回ってはいるものの，イギリス 3.83％ やスウェーデン 3.76％，フランス 3.20％，ドイツ 2.05％ からは大幅に下回っている。

「少子化危機突破タスクフォース（第 2 期）取りまとめ」（2014 年 5 月）では，「現在の対 GDP 比約 1％ の倍に当たる対 GDP 比 2％ を目指す」ことが提言されている。

● 参考文献

加藤久和（2001）『人口経済学入門』，日本評論社。

厚生省『厚生白書』（平成 10 年版）。

厚生労働省（2013）「次世代育成支援対策推進法に基づく一般事業主行動計画及び認定制度に係る効果検証研究会」報告書（平成 25 年 9 月 20 日公表）。

国立社会保障・人口問題研究所（2013）「平成 23 年度 社会保障費用統計」（平成 25 年 12 月）。

内閣府（各年版）『少子化社会白書』。

日本創成会議・人口減少問題検討分科会（2014）「ストップ少子化・地方元気戦略」（http://www.policycouncil.jp/pdf/prop03/prop03.pdf）。

第2章

子育てと仕事の非両立が
少子化を進めたのか？

宇南山 卓

第2章　子育てと仕事の非両立が少子化を進めたのか？

1　少子化の原因は何か？

　少子化の進展は，高齢化に拍車をかけることで社会保障制度の維持可能性を引き下げ，人口減少を通じて規模の経済を喪失させるなど，経済・社会に大きな影響を与える。

　わが国では，先進国でもとくに深刻なレベルで急激な少子化が進んでいる。1人の女性が生涯に産む子どもの数を表すとされる合計特殊出生率は，近年回復傾向にあるが，人口置換水準である2.07を大きく下回った水準で推移している。

　合計特殊出生率が低下したということは，女性が一生涯に産む平均的な子どもの数が減少してきたことを意味する。ただし，すべての女性が等しく子どもの数を減少させてきたわけではない。

　子どもの数の減少は「子どもを産んだ女性の子どもの数の減少」と「子どもを産んだ女性の割合の減少」に分解できるが，わが国の子ども数の減少のほぼすべては「子どもを産んだ女性の割合の減少」によってもたらされている。わが国では，結婚と出産が密接に関連しており，結婚をした女性のほとんどが子どもを持ち，子どもを持つ女性のほとんどが結婚している。すなわち，子どもを産んだ女性の割合の低下とは，結婚をする女性の割合の低下を意味する。その意味で，少子化の問題とは非婚化の問題である。

1　少子化の原因は何か？

　一方で，女性の結婚の意思決定と密接に関連しているのが，就業の意思決定である。わが国では，子育て中に継続就業することが困難な状況が続いており，実質的に結婚と継続就業は二者択一となっている。時系列的に見て少子化が進行しているということは，二者択一の選択を迫られた女性のうち，結婚ではなく継続就業を選択する女性の割合が上昇してきたということである。実際，20歳から40歳の女性の婚姻状態・労働力状態の分布を見ると，未婚で就業をしている女性の割合が増加する一方で，既婚の非労働力状態にある女性の割合が減少している。

　さらに，注目すべきは，急激な少子化が進んだ1980年代から2000年代初頭にかけて，結婚・出産と就業の両立しやすさ（以下，両立可能性と呼ぶ）はほとんど変化していないことである。つまり，結婚と就業の二者択一の状況は昔も今も不変であるにもかかわらず，女性の選択が変化してきたのである。

　こうした事実は，結婚と就業の両立が難しいこと自体は少子化の直接の原因ではないことを示唆する。もし結婚と就業の両立の困難さが少子化の直接の原因であるとすれば，最近になるほど両立可能性が低くなっていなければ論理的に整合しないからである。わが国では，1990年代からエンゼルプランやその後継となる政策のパッケージによって，子どもを育てながら仕事をする女性を支援する政策をとってきている。その意味で，両立がより困難になっているとは考えにくい。

　では，何が少子化を引き起こしたのだろうか。この章では，

49

基本的な統計を観察することで，少子化の発生する構造を明らかにし，その原因について考察する。

2　少子化・非婚化と女性の労働力化

2.1　少子化と非婚化

　少子化とは，基本的に女性が生涯に産む平均的な子どもの数が減少することである。この「平均」の変化を，結婚を基準に要因分解することで分析の見通しがよくなる。一般に，結婚することは出産することの必要条件でも十分条件でもないが，わが国において両者は密接に結びついている。

　人口動態統計によれば，出生時に占める非摘出子の割合が 1980 年で 0.80%，2010 年でも 2.15% である。これは，結婚が実質的に出生の必要条件となっていることを意味している。一方で，出生動向調査によれば，結婚の持続期間が 15〜19 年の夫婦のうち子どもの数が 0 人なのは 1982 年で 3.1%，2010 年で 6.4% である。これは，結婚をした大多数の夫婦が子どもを持っていることを示している。つまり，子どもを持つほぼ全員が結婚をしており，結婚をした夫婦のほぼすべてが子どもを持つのである。この関係から，女性が生涯に生む平均的な子どもの数は，近似的に「結婚をする女性の割合」と「結婚をした女性が生涯に生む平均的な子どもの数」に要因分解することがで

2 少子化・非婚化と女性の労働力化

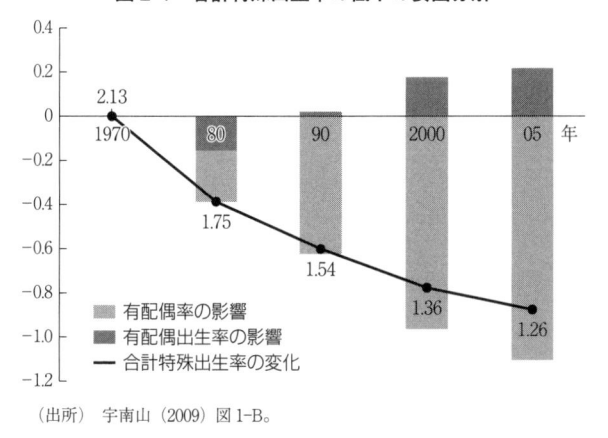

図2-1 合計特殊出生率の低下の要因分解

（出所）宇南山（2009）図1-B。

きる。

図2-1は，国立社会保障・人口問題研究所によるこの要因分解をグラフ化したものである。少子化の進行した1970年から2005年まで合計特殊出生率は2.13から1.26まで0.87ポイント低下しているが，結婚をした人の割合である「有配偶率」の低下により1.10ポイントの低下を説明でき，結婚した女性の出生率である「有配偶出生率」は通算すればむしろ合計特殊出生率を0.22ポイント引き上げる要因であった。すなわち，少子化の原因は結婚の減少と考えることができる。

少子化が意識された1990年代初頭には，こうした結婚の減少は結婚のタイミングの変化である「晩婚化」とみなされていた。しかし，現在では生涯結婚をしないという意味の「非婚化」によるものと考えられている。生涯結婚をしないかは，50歳時点での未婚率で測られ，「生涯未婚率」と呼ばれる。その

51

表 2-1 完結出生児数の動向

調査(調査年次)	総数(集計客体数)	0人	1人	2人	3人	4人以上	完結出生児数(標準偏差)
第 7 回(1977年)	1,427	3.0%	11.0	57.0	23.8	5.1	2.19人 (0.023)
第 8 回(1982年)	1,429	3.1	9.1	55.4	27.4	5.0	2.23 (0.022)
第 9 回(1987年)	1,755	2.7	9.6	57.8	25.9	3.9	2.19 (0.019)
第10回(1992年)	1,849	3.1	9.3	56.4	26.5	4.8	2.21 (0.019)
第11回(1997年)	1,334	3.7	9.8	53.6	27.9	5.0	2.21 (0.023)
第12回(2002年)	1,257	3.4	8.9	53.2	30.2	4.2	2.23 (0.023)
第13回(2005年)	1,078	5.6	11.7	56.0	22.4	4.3	2.09 (0.027)
第14回(2010年)	1,385	6.4	15.9	56.2	19.4	2.2	1.96 (0.023)

(出所) 国立社会保障・人口問題研究所「出生動向基本調査」より筆者作成。

生涯未婚率は,1960年ごろまで男女ともに2%未満であったが,その後上昇をして2010年には女性で10.6%,男性では20.1%まで上昇している。現在の若年層の未婚率はさらに高く,生涯未婚率は今後も高まることが予想され,非婚化は構造的な問題となっている。

2.2 有配偶出生率の動向

非婚化が進む一方で,結婚をした夫婦が持つ子どもの数には大きな変化はない。表2-1には,厚生労働省の「出生動向基本調査」による,完結出生児数の推移と分布を示している。完結出生児数とは,結婚持続期間(結婚からの経過期間)が15～19年の夫婦の平均出生子ども数であり,夫婦の最終的な平均出生子ども数とみなされる指標である。

平均で見れば,夫婦が生む子どもの数に大きな変化はないことが確認できる。おおむね団塊ジュニアを生んだ夫婦が調査対象となっている1987年(1968年から72年に結婚をした夫婦)調査では2.19となっており,1990年代前半に結婚したことに

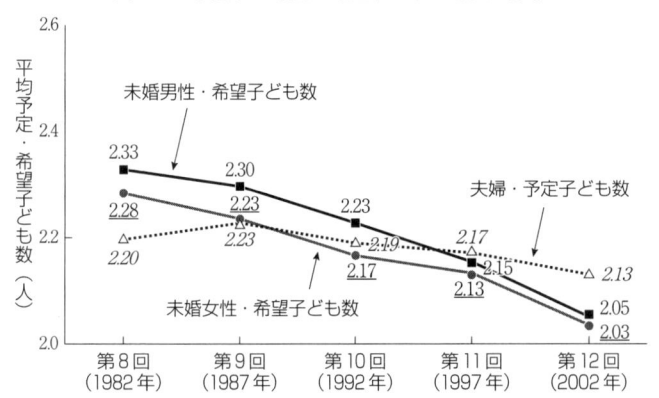

2 少子化・非婚化と女性の労働力化

図2-2 予定子ども数・希望する子ども数の推移

(注) 夫婦の予定子ども数（斜体）は第12回調査（夫婦調査の結果より）。
(出所) 国立社会保障・人口問題研究所「出生動向基本調査」より筆者作成。

なる2010年の結果でも1.96程度である。図2-1で見たように，1990年代以降は有配偶出生率は上昇しており，2000年代に結婚をした世代になっても大きく低下はしないと考えられる。

また，分布で見れば，1970年代から現在に至るまで，2人の子どもを持つ夫婦が最も多く，いつの時点でも55％前後を占めている。ただし，2000年代になると，3人の子どもを持つ夫婦が減る一方で，子ども1人の夫婦が増加している。

2人程度の子どもを持つというのは，おおむね夫婦の希望に沿っていると考えられる。図2-2は，完結出生児数と同じ「出生動向基本調査」での，予定している子どもの数を示したものである。完結出生児数とほぼ同じ2人程度で推移しており，最近についても大きな変化はない。この「予定している子どもの数」は夫婦にたずねたものであるが，この図には，さらに独身

53

の男女についても希望する子どもの数について聞いた結果も示している。その結果からも，独身者も子どもの数については既婚者と同程度を想定していることがわかる。

これらの結果から，少子化という現象を以下のようにイメージすることができる。日本人にとって「結婚」をするということは，配偶者を持ち，おおよそ2人の子どもを持つことである。一方で，「結婚をしない」ことは，配偶者に限らず，子どもも持たないことを意味する。この構図は，過去30年程度は安定しており，現在の未婚者も含め共通している。このような意味での「結婚」をするかしないかの2つの選択肢のうち，結婚しないを選択する割合が上昇したことが少子化の原因となっているのである。逆に言えば，非婚化を解消することができれば，少子化の解消に大きく貢献できる。

2.3 女性の社会進出と非婚化

こうした非婚化の背景には，女性の労働市場への参加がある。図2-3は，横軸に20～44歳の女性の未婚率，縦軸に同じ年齢階級の女性の労働力率をとり，時系列の推移を示したものである。この散布図によって，労働力率の上昇と未婚化との関係を見ることができる。最近になるほど右上がりに推移してきており，女性の未婚率の上昇と女性の労働力率の上昇が同時に進んできたことがわかる。

女性の未婚率が上昇する一方で，労働力率が上昇するパター

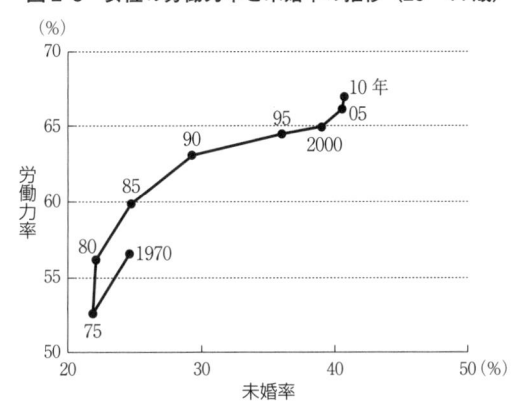

図2-3 女性の労働力率と未婚率の推移（20〜44歳）

(出所) 総務省「国勢調査」より筆者作成。

表2-2 女性の婚姻状態と労働力状態（1990年と2010年）

1990年　　　　　　　　　　　　　（単位：％）

	労働力人口	非労働力人口	合 計
未 婚	25	5	29
既婚等	39	32	71
合 計	63	37	100

2010年

	労働力人口	非労働力人口	合 計
未 婚	34	6	41
既婚等	37	22	59
合 計	72	28	100

(注) 既婚等には，有配偶者のほかに，死別者・離婚者も含む。
(出所) 総務省「国勢調査」より筆者作成。

ンはいくつか考えられる。たとえば，論理的には，非労働力・未婚の女性（就学中もしくはNEETのような状態）の増加と労働力状態にある既婚女性の増加が同時に起こるケースが考え

られる。しかし，現実には，そのような女性の割合はほとんど変化せずに，労働力状態にある未婚女性だけが増加している。

表2-2では，婚姻状態と労働力状態それぞれを2つに分類し，合計4つの類型がどのようなシェアになっているかを，1990年と2010年の「国勢調査」によって比較したものである。この20年のうちで大きな変化が観察されるのは，労働力状態にある未婚女性（典型的には独身キャリア女性）の増加と非労働力状態にある既婚女性（典型的には専業主婦）の減少である。

すなわち，非婚化とは，かつてであれば専業主婦になったと考えられる層が，独身にとどまり就業を継続していることで発生した現象とみなすことができる。前節の未婚化の分析と考え合わせると，おおよそ「結婚をして仕事は辞め2人の子どもを持つ」か「仕事を続けて結婚はせず子どもも持たない」の2つの選択肢に対し，かつては前者を選択する女性が相対的に多かったが，後者を選択する女性が増えるようになったというのが現在の少子化の姿である。

3 両立可能性の推移

3.1 両立可能性の計測

前節の表2-2は，1990年時点でも2010年時点でも，未婚女性の方が既婚女性よりも大幅に労働力率が高いことを示した。

これは，女性が結婚をして子育てをしながら就業を継続することが困難であることを示唆している。労働力率が上昇するのにともなって未婚率が上昇してきたことは，その困難さを反映している。その意味で，わが国では，女性にとって結婚・出産と継続就業が二者択一の状態にあると言える。

では，結婚と継続就業の両立のしやすさはどのように変化してきたのであろうか。同じ前節の表2-2では，全女性に占める労働力状態にある既婚女性の比率は，どちらの時点でも約4割であり，ほとんど変化していない。一方で，分母を「結婚をした女性」として，既婚者のうち労働力状態にある女性の比率を見ると，1990年は55％（＝39％/71％）であるのに対し2010年は63％（＝37％/59％）と高まっている。

結婚をした女性に限定すれば結婚と就業を両立させている比率が上がっているのに，全女性で見るとその比率がほとんど変化していないという観察は，直観的には解釈が困難である。そこで，結婚・出産と就業の両立可能性がどのように推移してきたかをより一般化して明らかにする。

3.2 M字カーブと両立可能性

両立可能性の動向を把握する古典的な方法として，M字カーブを観察する方法がある。M字カーブとは，女性の労働力率が20歳代前半と50歳前後の2つのピークを持つM字を描くことを指し，30歳前後で結婚・出産により非労働力化する

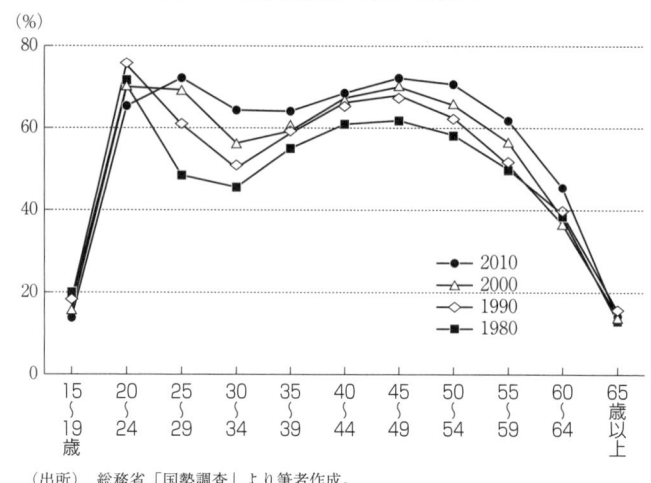

第 2 章　子育てと仕事の非両立が少子化を進めたのか？

図 2-4　年齢階級別の女性の労働力率

（出所）総務省「国勢調査」より筆者作成。

ことを捉えるものとされている。図 2-4 に，わが国の 1980 年から 2010 年にかけての女性労働力率を示したが，実際に 20 歳代後半から 30 歳代前半にかけて大きく落ち込んでいる。この M 字カーブの落ち込みが，結婚・出産によって就業ができない女性の割合を示すとされ，落ち込みの幅が両立可能性の指標とされるのである。

この図より明らかなように，最近になるほど M 字カーブの落ち込みは小さくなっている。それを捉えて，女性が結婚・出産をしても働き続けるようになったと理解し，両立可能性が高まったと考えられることもあった。さらに，M 字カーブを解消して単純な台形にすることを政策目標とすることもある[1]。

---

1) たとえば，平成 22 年版および平成 25 年版の『男女共同参画白書』

しかし，M字カーブの落ち込みを両立可能性の指標とするロジックでは，20歳代から30歳代にかけて結婚・出産をすること自体は所与とされている。すでに見たように，女性が結婚をするという前提自体が成立しなくなっている。最近のM字カーブの落ち込みの縮小は，女性の結婚・出産と継続就業の両立が可能になったことを示すものではなく，そもそも結婚・出産をする女性が少なくなった結果である。そのため，M字カーブの形状から，両立可能性の動向を把握するのは大きな誤りである。

3.3 コーホート分析による両立可能性の計測

ここで計測したい両立可能性とは，結婚をして子育てをしながらでも就業を継続することができるかである。そこでその両立可能性を計測するために，結婚・出産をした際にどの程度の女性が離職をしているかを計測する。わが国では，女性がいったん退職をすると，もとのキャリアパスに戻ることは困難であることから，就業を継続するかどうかは結婚・出産をした時点で選択されると考えられる。

この結婚・出産によって退職する女性の比率は，結婚（婚姻状態としての「既婚」ではなく，婚姻状態の「変化」としての結婚）直前と直後の就業状態を把握することで計測できる。と

を参照。

くに，その比率を正確に把握するには，理想的には同一個人の婚姻状態・就業状態を知る必要があり，個人単位でのパネルデータが必要となる。

しかし，わが国においては，パネルデータの利用可能性はきわめて限定的である。女性の就業行動が観察可能なパネルデータとして，家計経済研究所の「消費生活に関するパネル調査」，厚生労働省の実施している「21世紀出生児縦断調査」，慶應義塾大学の「慶應義塾家計パネル調査」が存在しており，先行研究においても利用されている。しかし，これらのパネルデータは，最も古くからデータの蓄積されている「消費生活に関するパネル調査」においても1993年の調査開始であり，長期的な比較は困難である。

そこで，宇南山（2011; 2013）では，国勢調査を用いて生年コーホートデータを構築し，疑似パネルデータとして分析している。生年コーホートとは生年が同じ個人の集団であり「世代」のことである。各世代の婚姻状態や労働力状態は各時点の年齢階級別データで把握できる。具体的には，1980年から2005年の「国勢調査」の年齢階級別の婚姻状態・労働力状態のデータを用いて，生年が同じ集団を追跡し，総人口に占める有配偶者・死別者・離別者の割合を結婚経験率と定義し，その増加を当該期間における「結婚・出産をした者の割合」と定義する。一方，労働力人口を総人口で除した「労働力率」の減少を「離職者の割合」と定義した。「結婚・出産をした者の割合」と

「離職者の割合」の比率が「結婚・出産による離職率」となる。

たとえば，1980年に生まれた女性は2005年時点に25歳，10年には30歳になる。各時点での未婚率はそれぞれ74%，41%だった。その差を取ることで，この世代の女性のうち33%が2005年から2010年の間に結婚したことがわかる。同様に，労働力率は77%から67%に低下しており，10%が労働市場から退出したとみなせる[2]。

こうした生年コーホート分析の結果を示したものが図2-5である。この図では，25〜44歳の1歳刻みのデータを用いており，1980年時点で39歳（1941年生まれ）から2005年時点での25歳（1981年生まれ）の世代について，各年20コーホート，5回調査で観察数は100である。

この図より，2005年まで結婚・出産と就業の両立可能性はほとんど変化していないことが示唆される。その結果自体は，回顧データを用いて同様の計算をした永瀬(1999)で指摘された結果とも整合的である。

---

[2] ただし，①非労働力の若年女性の大部分は通学者であるため，「通学」を理由とした非労働力人口を労働力人口に加えて労働力率を計算した，②労働力人口には失業者も含まれるが，就業者率を用いて頑健性は確認している，③労働力率については復職者がいないことを仮定しており離職率が過少推計になっている可能性があるため，対象を20歳から39歳のベースラインのケースに加え44歳・34歳までのケースも分析をして頑健性を確認した。いずれについても，主要な結果への影響は大きくない。

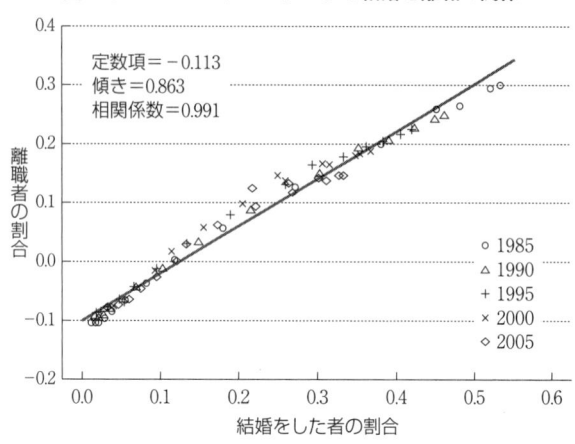

図 2-5 コーホートデータによる結婚と離職の関係

(注) 国勢調査の年齢別（1歳刻み・25歳から44歳）の労働力率・未婚率によって作成。非労働力のうち「通学」は労働力人口に含めた。
(出所) 宇南山（2009）の図1より筆者作成。

　宇南山（2013）は，図 2-5 と同様の推計を 2010 年まで延長し，2005 年から 2010 年の5年間で両立可能性の指標である「結婚・出産による離職率」が大幅に低下したことを示した。結婚による離職率は，1980 年から 2005 年までのデータをプールして計測した場合には 86.3% だったが，2010 年のデータだけで計測すると 62.4% まで低下している。この変化は，2005 年までの過去 25 年の変動幅からは考えられない変化であり，両立可能性が急激に改善していると考えられる。近年になって両立可能性が改善傾向にあるという結果は，個人ベースのパネルデータである厚生労働省「21 世紀出生児縦断調査」でも確認できる。出産前後で仕事を辞めた母親の割合が 2001 年出生児では 67.4% であったが，2010 年出生児では 54.1% まで低下して

いる。

こうした観察から，わが国においては，女性が結婚・出産と就業を両立できる可能性は低く，しかもそれは1980年代から2005年ごろまでほとんど不変であったと考えられる。2005年以後の数年では，急激に改善しているが，他の先進国に比べると依然として両立可能性が高くない。

4　非婚化の原因と両立可能性

4.1　結婚の意思決定と結婚の経済学

ここまでのデータの観察によって示されたことは，単純化して言えば，1980年代から現在に至るまで女性は「結婚をして仕事は辞め2人の子どもを持つ」か「仕事を続けて結婚はせず子どもも持たない」の二者択一の問題に直面しているということである。とくに，2005年くらいまではより低い両立可能性に直面し，しかも状況はほとんど変化していなかった。

一方で，二者択一の問題に対して実際に選択される行動は大きく変化してきた。すなわち，1990年前後まではより多くの女性が「結婚をして退職する」という選択をしていたが，最近になるほど，「結婚をせずに仕事を続ける」という選択をする女性が増えてきた。この選択の変化こそが，少子化という現象を引き起こしたのである。

第2章 子育てと仕事の非両立が少子化を進めたのか？

 つまり，少子化がなぜ発生したのかに答えるためには，結婚・出産と就業の両立可能性という観点からは環境は不変であったにもかかわらず，女性の意思決定が変化したのはなぜかを明らかにする必要がある。言い換えれば，結婚するかどうかがどのように決定されるかを明示的に考察する必要がある。

 経済学の原理に基づけば，結婚によって個人の厚生が上がる場合には結婚が選択されると考えられる。しかし，これまで伝統的な経済学では，この結婚の意思決定を明示的に分析することが困難であった。それは，結婚後の厚生水準は「家計」単位で考えられていたため，結婚前後の厚生が比較可能ではなかったからである。

 それに対し，近年，家計を個人の集合とみなすコレクティブモデルと呼ばれる理論研究が発展してきた（Browning et al., 1994; Browning and Chiappori, 1998; Browning, Chiappori and Lechene, 2006）。コレクティブモデルでは，家計内での資源配分を明示的に考慮することで，家計の構成員ごとの厚生を考察することを可能としている。このモデルを援用することで，結婚後も個人単位での厚生水準を評価することが可能となり，結婚の意思決定が明示的に分析可能となったのである。

 より伝統的な「結婚の経済学」では，結婚にはさまざまなメリットがあることが強調されてきたが（たとえば，Becker, 1973; 1974; Browning, Chiappori and Weiss, 2014），家計内分配は考慮されてこなかった。暗黙のうちに，結婚は常に各個人にとってもメ

リットがあると仮定され,「誰と誰が」結婚をするのかが, 主たる関心であった (たとえば, Becker, 1973; 1974; Eeckhout, 2000; Chiappori, Iyigun and Weiss, 2009)。その意味で, コレクティブモデルは「非婚」を合理的な選択肢と捉えるためには必要な設定である。

4.2 家計内分配と非婚化

実際に, コレクティブモデルを援用し, 結婚の意思決定をモデル化することで, 非婚の発生要因を考察したのが宇南山 (2014) である。以下では, この宇南山 (2014) の概要を紹介する。

結婚によって, 夫婦が家事と外部の労働市場での労働を分業することの利益, 共同生活により得られる規模の経済など, 先行研究で指摘されたような結婚のメリットは享受できる (Becker, 1973; 1974; Browning, Chiappori and Lewbel, 2013)。一方で, これまで見てきたように, わが国では「結婚」とはすなわち「配偶者と子どもを持つ」ことである。結婚と子どもを持つことが一体の意思決定であるとすれば, すでに見たように両立可能性が低いわが国においては, 結婚によって妻が退職する可能性が存在する。結婚の意思決定にはこの退職の影響が無視できない。

結婚によって妻が退職をするのであれば, 独身にとどまれば得られたと考えられる所得が失われる。しかも, 子育て期の逸失所得だけでなく, 子育て後に労働市場に復帰したとしても以

前のキャリアパスに戻ることは困難であることを考慮すれば、きわめて大きい機会費用が発生する。

ただし、多くのケースでは、子どもを持つことのメリット（子どもと一緒にいること自体の効用、将来の所得保障としての役割、夫婦関係のコミットメント機能など）はこの機会費用を上回ると考えられる。なぜなら、子育てコストが子どものメリットを上回るのであれば、「子どもを持たない結婚」を選択すればよいはずである。にもかかわらず、上で見たように、多くの夫婦が子どもを持つことを選択しているからである。その意味では、子どもを持つことにコストがかかるとしても、結婚は夫婦合計としてはメリットが上回ると考えられる[3]。

しかし、妻の退職は、家計全体の所得を低下させるだけでなく、家計内分配も変化させる。コレクティブモデルの実証をした先行研究によれば、夫婦の経済資源の分配は夫婦間の相対的な所得に依存しており、相対的に所得が高いほどより多くの経済資源を利用できることが知られている（MacEloy and Horney, 1981; Browning et al., 1994; Lise and Seitz, 2011）。つまり、妻が退職することによって労働市場における価値が低下すると、家計内での分配が夫に有利になり、妻の厚生水準は家計全体の所得の

---

[3] 子どもを持つことのメリット・デメリットの定量的な把握は、概念的にも計量的にも困難であることが知られている。たとえば、Browning (1992), Brwoning and Ejrnæs (2009), Bonke and Browning (2011) を参照。

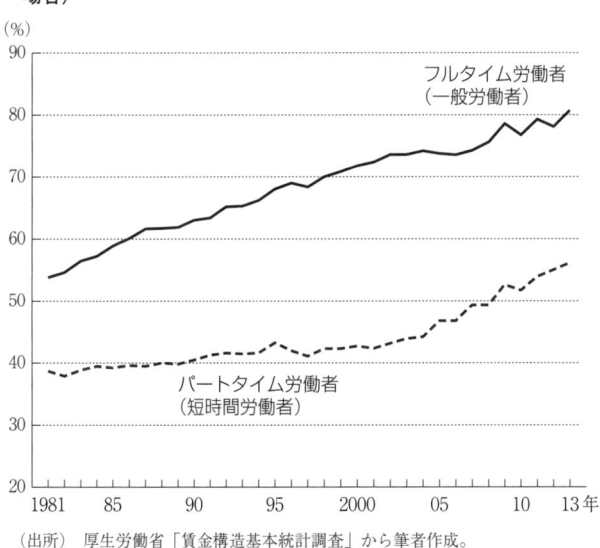

図2-6 女性の雇用形態別賃金の推移（男性の賃金を100とした場合）

(出所) 厚生労働省「賃金構造基本統計調査」から筆者作成。

低下幅よりも大きく低下する。すなわち，夫婦合計では結婚のメリットが上回るとしても，女性にとってはデメリットが上回る可能性が存在するのである。

宇南山（2014）では，この構造から，わが国における未婚化の原因は女性のフルタイム労働者の賃金の上昇であるとしている。図2-6は，「賃金構造基本統計調査」に基づき，男性フルタイム労働者の時間あたり賃金を100としたときの，女性のフルタイム労働者およびパートタイム労働者の時間当たり賃金の比率を示したものである。時間あたりで見て，雇用形態間で大きな賃金差が存在しているが，さらにその差は過去30年で拡大してきている。

フルタイム労働者の賃金水準は独身にとどまった場合の賃金水準，パートタイム労働者の賃金は結婚・出産をしていったん離職をした場合の賃金水準とみなすことができる。すでに見たように，わが国においては結婚・出産後に離職をする可能性がほとんど変化していないため，雇用形態間の賃金差拡大により，独身にとどまることが相対的に有利になってきたと考えられる。

男女の賃金差を解消するように女性のフルタイム労働者の待遇は改善されてきたが，パートタイムなどの非正規労働者としての待遇の改善は遅れてきた。この雇用形態間の所得差の拡大によって，女性にとっての結婚の機会費用が増大し，未婚化を誘発したのである。

4.3 非婚化対策と両立支援

宇南山（2014）の議論によれば，生涯未婚率の上昇を引き起こした直接の要因，すなわち非婚「化」の原因は，女性が結婚・出産によっていったん退職しその後パートタイム労働者となった場合に得られる所得の水準がほとんど変化しない中で，独身にとどまりフルタイム労働者として継続就業した場合には高い所得が得られるようになったという賃金構造の変化である。

しかし，その変化が非婚化を引き起こすのは，そもそも結婚・出産をした場合には就業が継続できないことが前提となっている。つまり，結婚・出産と就業の両立可能性の低さは非婚化の直接の原因ではないが，非婚化の発生する構造を形成する

要因である。

　そのため両立可能性を高めることは非婚化の解消に有効である。両立可能性が高ければ，そもそも結婚による退職という結婚のデメリットそのものを小さくすることができるからである。さらに言えば，両立可能性を高めるという方法以外では「非婚化を解決」すれば，必然的に女性の労働力率を引き下げてしまうことになる。その意味では，少子化社会全体への対策としては両立可能性の改善が必須である。

　補完的には，より直接的に非婚化の原因に対応することも考えられる。すなわち，結婚・出産によってキャリアを中断された後の女性の労働市場を改革することである。子育て期にいったん退職をするとしても，子育て終了後に復帰した際の賃金水準が十分に高ければ，家計内分配においても女性の取り分を増やす効果があり，女性にとっての結婚の機会費用を大きく下げることができる。そのためには，有期雇用や非正規労働者も十分な待遇が得られるような柔軟な労働市場にしていくことが重要である。

　少子化対策の根本は非婚化対策であり，積極的な政策介入が求められる。しかし，結婚はきわめて個人的な意思決定であり，政府が直接介入することは困難であり，望ましくもない。非婚化現象を正確に理解することを前提に，両立支援策としての保育所の整備や労働市場の改革など，個人の意志決定に直接介入する必要のない政策が求められる。

5 重要なのは結婚・出産と就業の両立支援

　この章では，データを観察することで，わが国において少子化が進行しているメカニズムを明らかにしてきた。わが国においては，少子化は結婚をする女性の比率が低下したことによって発生しており，結婚後に女性が生む子どもの数には大きな変化がなかった。一方で，非婚を選択した女性とは，就業を選択した女性であった。すなわち，少子化は，結婚・出産と就業の二者択一のうち，就業を選択した女性が増加したことによって進行してきたのである。

　女性の選択が，結婚・出産から就業に変化してきているが，少なくとも1980年代から2000年代初頭にかけては両者の両立可能性は変化していなかった。二者択一の環境が変わらない中で，女性の意思決定が変化してきたのは，賃金構造が変化してきたからである。独身にとどまればフルタイム労働者としての所得が得られるが，結婚・出産をするとパートタイムなどの非正規労働者としての所得しか得られない。一方で，雇用形態間の賃金差は拡大傾向にあり，フルタイム労働者の賃金は上昇する一方でパートタイム労働者の賃金は低い水準にとどまっていた。この賃金構造が結婚の機会費用を高め，ひいては少子化を引き起こしてきたのである。

　この非婚化の発生メカニズムを前提とすれば，女性の結婚・

出産と就業のトレードオフ関係を解消することが最大の少子化対策となる。一般的には児童手当などの少子化対策と女性の労働環境などの改善や女性の就業促進策を並行して実施すればよいと考えられることが多い。しかし，非婚の発生メカニズムを前提とすれば，少子化対策と女性の就業促進はそれぞれに別の政策を組み合わせることでは対応できない。

少子化対策は子どもを持つことのインセンティブを増加させなければならないが，低い両立可能性を前提とすれば，相対的に女性の就業のインセンティブを低下させる。逆に，女性の就業を支援すれば，出産・育児の機会費用を増加させる。こうした政策を組み合わせても，両者の効果はキャンセルアウトし，何も変化が起きない可能性すらある。結婚・出産と就業の両立支援こそが有効な政策である。

● 参考文献

宇南山卓（2009）「結婚促進策としての保育所の整備について」日本経済研究センター「若手研究者による政策提言プロジェクト」中間報告（http://www.jcer.or.jp/policy/pdf/pe(unayama091127).pdf）。

宇南山卓（2011）「結婚・出産と就業の両立可能性と保育所の整備」『日本経済研究』第 65 号，1～22 頁。

宇南山卓（2013）「仕事と結婚の両立可能性と保育所——2010 年国勢調査による検証」RIETI Discussion Paper Series 13-J-039.

宇南山卓（2014）「女性の労働市場・家計内分配と未婚化」RIETI

Discussion Paper Series 14-J-048.

宇南山卓・小田原彩子（2009）「新しい家族の経済学——Collective モデルとその応用」『国民経済雑誌』第 200 巻 4 号，55〜68 頁。

永瀬伸子（1999）「少子化の要因：就業環境か価値観の変化か——既婚者の就業形態選択と出産時期の選択」『人口問題研究』第 55 巻第 2 号，1〜18 頁。

Becker, G. S. (1973) "A Theory of Marriage: Part 1," *Journal of Political Economy*, 81(4), pp. 813-846.

Becker, G. S. (1974) "A Theory of Marriage: Part 2," *Journal of Political Economy*, 82(12), pp. 11-26.

Bonke, J. and M. Browning (2011) "Spending on Children: Direct Survey Evidence," *Economic Journal*, 121(554), F123-F143.

Browning, M. (1992) "Children and Household Economic Behavior," *Journal of Economic Literature*, 30(3), pp. 1434-1475.

Browning, M., F. Bourguignon, P.-A. Chiappori and V. Lechene (1994) "Income and Outcomes: A Structural Model of Intrahousehold Allocation," *Journal of Political Economy*, 102(6), pp. 1067-1096.

Browning, M. and P.-A. Chiappori (1998) "Efficient Intra-Household Allocations: A General Characterization and Empirical Tests," *Econometrica*, 66(6), pp. 1241-1278.

Browning, M., P.-A. Chiappori and A. Lewbel (2013) "Estimating Consumption Economies of Scale, Adult Equivalence Scales, and Household Bargaining Power," *Review of Economic Studies*, 80(4), pp. 1267-1303.

Browning, M., P.-A. Chiappori and Y. Weiss (2014) *Economics of the Family*, Cambridge University Press.

Browning, M., P.-A. Chiappori and V. Lechene (2006) "Collective and Unitary Models: A Clarification," *Review of Economics of the Household*, 4(1), pp. 5-14.

Browning, M. and M. Ejrnæs (2009) "Consumption and Children," *The Review of Economics and Statistics*, 91(1), pp. 93-111.

Chiappori, P.-A., M. Iyigun and Y. Weiss (2009) "Investment in Schooling and the Marriage Market," *American Economic Review*, 99(5), pp. 1689-1713.

Eeckhout, J. (2000) "On the Uniqueness of Stable Marriage Matchings," *Economics Letters*, 69(1), pp. 1-8.

Lise, J. and S. Seitz (2011) "Consumption Inequality and Intrahousehold Allocations," *Review of Economic Studies*, 78(1), pp. 328 -355.

MacEloy, M. B. and M. J. Horney (1981) "Nash-bargained Household Decisions: Toward a Generation of the Theory of Demand," *International Economic Review*, 22(2), pp. 333-349.

Vermeulen, F. (2002) "Collective Household Models: Principles and Main Results," *Journal of Economic Surveys*, 16(4), pp. 533-564.

第3章

子どもは親の生活満足度を高めるか？
国際比較の結果から

松浦 司・影山純二

第3章 子どもは親の生活満足度を高めるか？

1 生活満足度を調べる理由

　この章では，子育て負担の男女間の違いについて，子ども数と生活満足度の関係を分析することから明らかにしていきたい。

　子育ての負担に関する研究は，これまで Becker (1960) やBecker and Lewis (1973) など膨大な数にのぼる。しかし，子育て負担の男女間の違いについての研究はあまりない。その理由は，子育て負担にはさまざまな費用が存在するために，費用を直接的に定義するのは難しいからだ。たとえば，おむつ代やミルク代など直接的にかかる費用だけでなく，子育てのために仕事を辞めたとすればそれも費用と考えることができる（経済学者はこれを機会費用と呼んでいる）。たとえば，Leibenstein (1974) は，子どもを持つ効用として消費効用，労働効用，年金効用の3つを，子どもを持つ費用として直接費用と間接費用（機会費用）をあげる。そのうえで，経済が発展するにつれて，効用については労働効用と年金効用が失われ，費用については直接費用，間接費用ともに上昇するとする。以下の分析では子育て負担を直接的に求めることはやはり難しいので行わない。その代わり，子ども数が親の生活満足度に与える影響の分析を通し，子育て負担について考察したい。

　幸福度や生活満足度に着目した研究は社会学などで従来から進んでいた。たとえば White and Edwards (1990) は，両親の

結婚満足度は子どもが成長し家を出た後に上昇しているのかどうかを調査し，結婚後しばらくの間は結婚満足度が低下し，その後で子どもが家を離れると満足度が上昇することを見出した。この問題は，「結婚満足度の U 字曲線」という仮説として知られるものである。

また McLanahan and Sorensen (1985) は，PSID (Panel Study of Income Dynamics) のデータを用いて，子どもが家を離れると親の生活満足度が上昇するということを見出している。さらに McLanahan and Adams (1987) は，子どもと同居している親の生活満足度や幸福度は低くなっていることを示し，とくに母親の満足度は父親に比べて低くなっており，その原因は経済的・時間的制約であるとした[1]。

近年になり経済学の分野でも子どもと満足度の関係を分析するようになってきている。先行研究としては，たとえば Tao (2005) がある。この論文は，台湾のデータを使用して，子どもの数と結婚満足度の関係を分析し，両者には逆 U 字型の関係があり，最適子ども数は約 4 人であるとした。また，Kohler, Behrman and Skytthe (2005) は，個人の気質など観測されない要因をコントロールするためにデンマーク人の双子のデータを用い，結婚していることや子どもがいることが親の幸福度に

---

[1] これらの研究には人々の所得や労働時間などをコントロールせず分析しているという問題がある。

対してどう影響しているかを分析した。その結果，第1子の場合は父親も母親も幸福度が上昇しており，とくに父親の場合は，第1子が男の子であると女の子よりも幸福度が上がることが示された。一方，第2子以降の場合は母親の幸福度は子どもが増えるごとに下がるが，父親の幸福度に子どもの数は影響しない。

2 子どもと生活満足度の国際比較

さらにこの章では，子育て負担が福祉レジームごとに異なるかどうかについても見てみたい。国際比較を行う理由は，国によって子育て負担の男女間格差が存在することを示すためである。女性の子育て負担が相対的に高いとされるNIEsや途上国では，子どもが生活満足度に与える効果は女性の方が小さく，あるいは生活満足度が低下する可能性も考えられるため，子どもが生活満足度に与える影響の男女差を分析することで男女の子育て負担感の違いを考察したい[2]。

福祉レジームの違いに注目した研究はこれまでも行われている。この章の問題意識に最も近いのは Margolis and Myrskylä (2011) である。この論文では，World Values Survey（WVS）

---

2) Matsuura and Kageyama (2015) は子育て負担の高さが，生活満足度に対する子ども数が与える負の効果や，超過理想子ども割合の高さに影響することを理論的に示している。

を用いて，国や福祉レジームの違いによって，さらには個人要因の違いによって，出生率や生活満足度がどう影響されるかについて分析した。その結果，女性は子どもに対してよりストレスを感じており，有配偶者よりも無配偶者がストレスを感じ，さらに高年齢になると子どもと生活満足度には有意な関係がないことを見出している。

Stanca（2012）も WVS を用いて世界 94 カ国の子どもと生活満足度の関係を分析し，子どもの有無が家計状況に対して与える影響は負であるが，家計以外の生活満足度に対する子どもの影響は正であることが示された。子どもと生活満足度の関係を分析した約 30 の研究をサーベイした Hansen（2012）は，「従来は子どもがいないと不幸だと人々は感じると考えられてきたが，子どもがいない方が生活満足度は高いことが最近の研究では示されている」と指摘している。さらに影山・松浦（2016）は，1人あたり GDP ごとにサンプルを分けて，子ども数が金銭満足度に与える効果の国際比較を行っている。その結果，先進国では子どもが増えると金銭満足度が減ることを示している。

3 日本における子どもと生活満足度の関係

日本の先行研究としては以下のものが存在する。まず柏木（2001）は，「子どもの価値」という観点から女性はなぜ子ども

を産むのかという問題を論じている。そこでは，子どもを持つことのプラスの価値とマイナスの価値をあげて，年齢や性別によってどのような特徴があるのかということについて考察している。白石・白石（2010）も「消費生活に関するパネル調査」のデータを用いて子どもと生活満足度の関係を分析し，子どもが増えると女性の生活満足度が低下するということを見出している。

松浦（2007）は，「階層化する日本社会に関するアンケート調査」の個票データを用いて，男性は子どもが増えると生活満足度が上昇し，女性は子どもが増えると生活満足度が低下することを示している。そのうえで，このような非対称性が観察される理由を説明するために，母親に対する育児責任の負担増が少子化を招く要因になっているとする「教育負担仮説」を提示して検証した。また，松浦・照山（2013）は，「慶應義塾家計パネル調査」を用いて子ども数が生活満足度に与える影響を男女別に調べた結果，子どもが増えると女性の生活満足度は低下することがわかった。

4 生活満足度に対する子どもの影響

それでは，子ども数は生活満足度にどのような影響を与えているだろうか。ここでは，順序プロビットという推定方法を用

4 生活満足度に対する子どもの影響

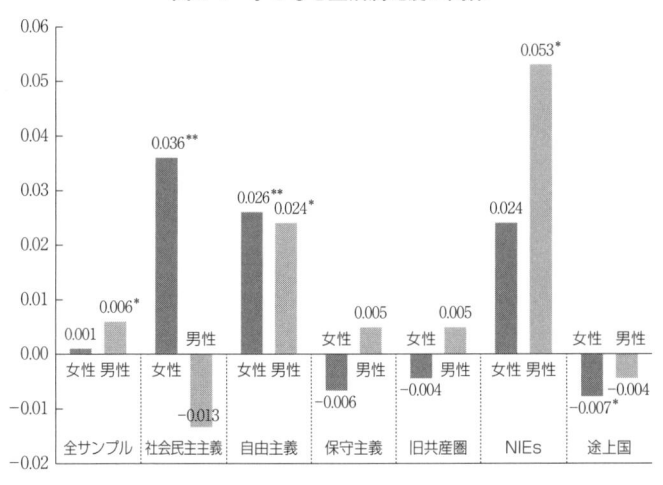

図3-1 子どもと生活満足度の関係

	女性	男性
全サンプル	0.001	0.006*
社会民主主義	0.036**	-0.013
自由主義	0.026**	0.024*
保守主義	-0.006	0.005
旧共産圏	-0.004	0.005
NIEs	0.024	0.053*
途上国	-0.007*	-0.004

（注）＊は5%水準で有意，＊＊は1%水準で有意。

いて子ども数と生活満足度の関係を見る。使用したデータはWorld and European Intergrated Values Survey の1981年から2009年の15歳以上の回答者データである[3]。回答者の52.5%が女性であり，女性の方がやや回答数が多い。平均年齢は41.7歳，平均子ども数が1.88人となっている。

分析結果が図3-1に示されている。図の棒グラフは，それぞれの要因が生活満足度にどう影響するかを示しており，プラス方向に伸びているならその要因が生活満足度を高める効果があることを意味し，逆にマイナス方向に伸びているなら生活満足

---

3) このデータは社会経済的，文化的，政治的価値観，道徳観などを対面調査で収集したもので，世界各国の子ども数と生活満足度について質問をしている包括的なデータでもある。

第3章　子どもは親の生活満足度を高めるか？

度を低めていることを意味する。また，棒グラフが長いほどその要因の影響度が強まることを意味する。ただし，棒グラフの上あるいは下にある数値の横に付く星（＊）の数が多いほど，得られた結果が統計的に確からしいことを意味する。もし星が付いていなければ，その要因は生活満足度にはまったく影響を与えていないと解釈する。

　すると，図3-1の一番左側にある全サンプル女性の棒グラフはプラス方向にあり，左から2番目の全サンプル男性も棒グラフはプラス方向に伸びている。その長さはそれぞれ，0.001と0.006だが，女性の方には星が付いていない。したがって，女性の場合には子ども数は生活満足度には影響していないと解釈でき，男性の場合は子ども数が生活満足度を高める効果があると解釈できる[4)5)]。

4）　もし子ども数が生活満足度にマイナスに影響しているなら，子どもを持つ理由を理論的に説明できないので，この分析結果は直感的にも整合的である。
5）　なお，図3-1には年齢や学歴，所得の推定結果は省略されている。年齢の推定結果は負，年齢の2乗は正の値が得られており，人々の満足度が加齢によってU字曲線を描いていることを意味している。同様に，学歴も正の値，年収も正の値が推定されており，これらの結果は先行研究と同様である。

5 福祉レジームと子どもを持つ満足度

子ども数が満足度に対してどう影響するのかを，福祉レジームごとに見てみよう[6]。

福祉レジームの分類として，エスピン・アンデルセンの枠組みに基づき，先進国を自由主義，保守主義，社会民主主義国家に区分した[7]。彼は，伝統的には家族から調達していた育児・教育といった資源を，市場から調達する程度によって「脱家族化」という概念を定義し，社会民主主義，自由主義，保守主義の順で「脱家族化」が進展していることを示した。脱家族化することで育児や教育サービスが市場化すると，女性に課されていたこれらの負担が小さくなる。なお，この章での国の分類はMargolis and Myrskylä（2011）の分類をほぼ踏襲した[8]。

---

6) Esping-Andersen（1990）や McDonald（2000）は福祉レジームによって女性の地位が異なると主張しており，このことも福祉レジームによる違いを分析する動機となっている。

7) エスピン・アンデルセンは，西欧諸国を福祉国家レジームの区分として，自由主義的であるアメリカ，イギリス，カナダ，保守主義的であるドイツ，オーストリア，フランス，イタリア，社会民主主義的である北欧諸国に分けている。

8) ただし，Margolis and Myrskylä（2011）は南欧を保守主義国家としていないが，エスピン・アンデルセンは南欧を保守主義国家としており，われわれは南欧を保守主義国家として扱う。また，Margolis

第3章 子どもは親の生活満足度を高めるか？

　さて，社会民主主義国家の結果は前節の図3-1の左から3番目と4番目に示されている。すると，3番目の女性の棒グラフでは統計的に確からしいプラスの向きになっているが，4番目の男性では統計的に確からしい値が得られていない。したがって，女性の場合には子ども数が増えると生活満足度が上昇すると解釈できる。社会民主主義国家では女性の地位が高く，子育て負担が低いためにこのような結果となったと考えられる。なお，子ども数の生活満足度に与える影響が男性よりも女性の方が大きいという結果は，他の福祉レジームでは観察されない特徴である。社会民主主義国家では女性の子育て負担が男性の子育て負担よりも低いという興味深い結果が得られた。

　それでは他の福祉レジームではどのような結果が得られたか。自由主義国家の場合，男女ともに子ども数は確からしいプラス方向が推定されており，棒グラフの長さもほぼ同じである（5，6番目）。一方，保守主義国家の場合，子ども数に関する数値は女性でマイナス，男性でプラスであるが，いずれも統計的に確からしい値ではない（7，8番目）。さらに旧共産国の場合，棒グラフは女性はマイナス，男性はプラスだが，いずれも統計的に確からしい値ではない（9，10番目）。また，NIEsに関し

---

　　and Myrskylä（2011）は，NIEsのうち韓国と台湾を途上国に分類しているが，われわれはNIEsを別に取り上げて分析する。さらに，旧共産国，NIEs（香港，シンガポール，韓国，台湾），途上国にサンプルを分けた検証も行う。

ては，男性では確からしいプラスだが，女性では統計的に確からしい値が得られていない（11, 12番目）。最後に途上国については，女性についての棒グラフはマイナス方向を示すが，男性は確からしい値が得られていない（13, 14番目）。

このように，子ども数による生活満足度には男女での違いが福祉レジームごとに観察されたが，概して女性の子育て負担が大きい国で男女間の差が見られると言える。

6 理想子ども数

子ども数によって生活満足度が男女間で違い，子育て負担が男女で異なることを前節で見た。そうだとすると，子育て負担によって出生行動にも少なからず影響することが考えられる。たとえば子育て負担が大きくなれば，最適子ども数（理想子ども数）は少なくなり，理想子ども数よりも現実子ども数が多くなる（＝望んだ子ども数以上になる）かもしれない。

これを検討するため，人々が理想とする子ども数と現実の子ども数を比較し，現実の子ども数が多い人の割合を「超過理想子ども割合」と定義し，この指標にて男女間の比較を行う。

図3-2は福祉レジームごとの男女別理想子ども数を示している。男女ともに途上国での理想子ども数が高く，次に自由主義国で高い。一方，NIEsは最も低く，保守主義国や旧共産国も

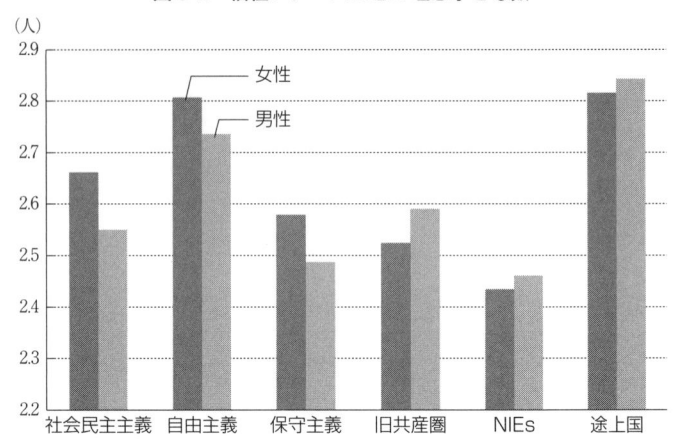

第3章　子どもは親の生活満足度を高めるか？

図3-2　福祉レジームごとの理想子ども数

低い。男女の違いを見ると，社会民主主義国や自由主義国，そして保守主義国で女性の方が理想子ども数は多く，旧共産国やNIEs，途上国は男性の方が多い。

男女別超過理想子ども割合はどうか。図3-3を見ると，社会民主主義国家のみ男性が女性を上回るが，残りの福祉レジームでは女性の方が超過理想子ども割合が高い。つまり，社会民主主義国家以外では女性の方が望んだ子ども数よりも子どもがいる人の割合が高い。男女の違いに注目すると，NIEs，途上国，保守主義国家，旧共産国，自由主義国家，社会民主主義国家の順に差が大きくなる。この結果から，これらの順に女性よりも男性の子育て負担が軽く，最も女性の子育て負担が低い社会民主主義国家では女性の方が子育て負担は軽い可能性が示唆され，これは生活満足度についての分析結果と同様である。

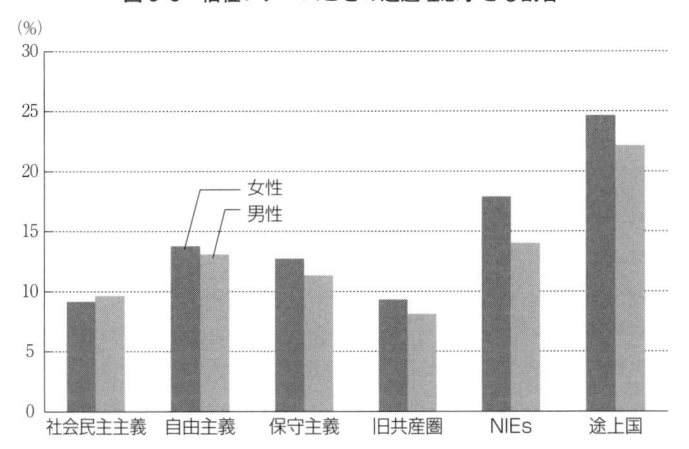

図 3-3 福祉レジームごとの超過理想子ども割合

（凡例：女性／男性）

横軸：社会民主主義　自由主義　保守主義　旧共産圏　NIEs　途上国

7　子育て負担が問題

　この章で行った分析の結果は，国によって出生率の違うことに関する1つの説明となりうる。McDonald（2000）は伝統的な家族志向の制度を維持し家族分業制度が残っている国ほど出生率が低いとしているが，たとえばわれわれが分析したNIEs諸国の超過理想子ども割合や満足度の男女差から見ても，女性の子育て負担が男性よりも顕著に高い可能性を示す。

　この点から類推すると，わが国の出生率回復についても女性の子育て負担を軽減することが大事なポイントだと指摘できよう。家事育児時間を国際比較したデータによれば，欧米先進諸国に比べてわが国の女性の家事育児時間は相対的に長く，一方で男性の家事育児時間は短い。女性の子育て負担を軽減するた

めには,保育園など社会的インフラの拡充だけでなく,男性の働き方を見直して男性の家事育児参加を促していくことも考えられるのではないだろうか。

● **参考文献**

影山純二・松浦司(2016) "Does the Financial Burden of Having Children Explain Fertility Differentials Across Countries?"『行動経済学』forthcoming.

柏木惠子(2001)『子どもという価値――少子化時代の女性の心理』(中公新書)中央公論新社。

白石小百合・白石賢(2010)「ワークライフ・バランスと女性の幸福度」大竹文雄・白石小百合・筒井義郎編著『日本の幸福度――格差・労働・家族』日本評論社。

松浦司(2007)「子どもと生活満足度」『日本経済研究』第57号, 71～93頁。

松浦司・照山博司(2013)「子ども数が生活満足度に与える影響――KHPSを用いた検証」瀬古美喜・照山博司・山本勲・樋口美雄編『日本の家計行動のダイナミズムⅨ――家計パネルデータからみた市場の質』慶応義塾大学出版会, 所収。

Becker, G. S. (1960) "An Economic Analysis of Fertility," *Demographic and Economic Change in Developed Countries, a Conference of the Universities, National Bureau Committee for Economic Research*, Princeton University Press.

Becker, G. S. and H. G. Lewis (1973) "On the Interaction between the Quantity and Quality of Children," *Journal of Political Economy*, 81(2), pp. 279–288.

Esping-Andersen, G. (1990) *The Three Worlds of Welfare Capitalism*, Cambridge: Polity Press.

Hansen, T. (2012) "Parenthood and Happiness: a Review of Folk Theories Versus Empirical Evidence," *Social Indicators Research*, 108(1), pp. 29–64.

Kohler, H. P., J. R. Behrman and A. Skytthe (2005) "Partner+Children=Happiness?: The Effects of Partnerships and Fertility on Well-Being," *Population and Development Reviews*, 31(3), pp. 407–445.

Leibenstein, H. (1974) "An Interpretation of the Economic Theory of Fertility," *Journal of Economic Literature*, 12(2), pp. 457–479.

Margolis, R. and M. Myrskylä (2011) "A Global Perspective on Happiness and Fertility," *Population and Development Reviews*, 37(1), pp. 29–56.

Matsuura, T. and J. Kageyama (2015) "The Gender Difference in the Burden of Having Children: Evidence from Life Satisfaction Data," IERCU Discussion Paper No. 255.

McDonald, P. (2000) "Gender Equity in Theories of Fertility Transition," *Population and Development Reviews*, 26(3), pp. 427–439.

McLanahan, S. and J. Adams (1987) "Parenthood and Psychological Well-Being," *Annual Review of Sociology*, pp. 237–257.

McLanahan, S. and A. B. Sorensen (1985) "Life Events and Psychological Well-Being Over the Life Course," in G. H. Elder ed., *Life Course Dynamics: Trajectories and Transitions, 1968–1980*, Ithaca: Cornell University Press.

Stanca, L. (2012) "Suffer the Little Children: Measuring the Effects of Parenthood on Well-being Worldwide," *Journal of Economic Behavior and Organization*, 81, pp. 742–750.

Tao, H.-L. (2005) "The Effects of Income and Children on Marital Happiness: Evidence from Middle- and Old-aged Couples," *Applied Economics Letters*, 12, pp. 521-524.

White, L. and J. N. Edwards (1990) "Emptying the Nest and Parental Well-being: An Analysis of National Panel Data," *American Sociological Review*, 55(2), pp. 235-242.

第4章

「子育てする企業」の特徴は？

阿部正浩・朝井友紀子
児玉直美・齋藤隆志

1 少子高齢化と企業の役割

少子高齢化でますます労働人口が減っていく中で，高齢者とともに女性の活用は，日本の社会や経済を持続可能なものとするうえで重要である。

わが国では，男女雇用機会均等法の施行以来，多くの企業が均等化施策やワーク・ライフ・バランス（WLB）施策を導入するようになった。その結果，女性労働力率のいわゆるM字型カーブは徐々に崩れてきているが，他の先進諸国と比較するとまだまだ女性活用は進んでいない。

他方，企業では育児休業制度など両立支援制度も整ってはきているが，いまだに結婚や出産を機に約7割の女性が仕事を辞めており，それと同時に出生率も依然として低迷している状況だ。結婚や子育てをしながら働ける環境づくりは重要課題となっている。

ところで，これまでに多くの研究が育児休業制度の導入や利用は，出生率に正の影響を与えることを示している（樋口，1994；森田・金子，1998；駿河・西本，2002；駿河・張，2003；滋野・松浦，2003；坂爪・川口，2007など）。また，保育サービスの充実や

＊ 第66回人口学会（2014年6月14日）およびシンポジウム「少子化対策の評価と提言（2015年7月3日）」の参加者，とくに詳細なコメントをいただいた山本勲教授（慶應義塾大学）に深く感謝する。

短時間労働制度などの WLB 施策についても，出生率や子ども数を有意に引き上げていることが実証されている（滋野・大日, 2001；野口, 2007；坂爪, 2008 など）。さらに，女性の継続就業と均等化施策や WLB 施策等との関連を検証した研究も数多くある（川口, 2002；滋野・大日, 2001；松繁, 2008；Yanadori and Kato, 2009 など）。これらの研究では，企業におけるさまざまな制度について女性従業員の離職率や就業率に及ぼす影響を検証し，制度の充実は離職率や就業率に影響する可能性があることを明らかにしている。特定の企業が行う労務管理制度に関する効果については，樋口（1994），樋口・阿部・Waldfogel（1997），滋野・大日（1998），佐藤・馬（2008），森田・金子（1998），朝井（2014），Asai（2015）が育児休業制度について，Kato and Kodama（2014）は労働時間制度に関して，水落（2012）が次世代育成支援対策推進法について検証している[1]。これらの研究でもおおむね制度の充実は女性の就業継続を促進することが指摘されている。ただし，制度の充実だけでは離職率を押し下げる効果はないという研究結果もある（朝井, 2014；Asai, 2015））。

この章では，独自に調査したアンケート調査[2]の結果を用

---

1) 女性比率や女性管理職比率と均等化施策，WLB 施策との関係については，脇坂（2009），松繁（2008），Yanadori and Kato（2009），川口（2011），山本（2014），Kato and Kodama（2015）など，多くの研究蓄積がある。

2) この章で利用しているアンケート調査は，日本学術振興会「課題設

第4章 「子育てする企業」の特徴は？

いて，WLB制度を充実させている「子育てする企業」がどのような特徴を持っているかを明らかにしてみたい。具体的には，①正社員女性が出産した場合，退職せずに継続就業が行われやすい企業は，どのような特徴を持つのか，そして②企業での女性の継続就業を促進するのはどのような制度が効果的か，について検討する。

2 WLB制度の整備状況

2006年から2014年の8年間で，短時間勤務制度，所定外労働をさせない制度など，出産・育児に関わる支援制度はどう変化しただろうか。

定による先導的人文・社会科学研究推進事業（実社会対応プログラム）」の「少子化対策に関わる政策の検証と実践的課題の提言」研究グループが2014年6月に実施した「仕事と家庭の両立支援にかかわる調査」と，独立行政法人労働政策研究・研修機構が2006年6月に実施した同名の調査である。

これらアンケート調査は，まず企業規模別に割り当て数を決め，調査対象企業を無作為抽出した。ただし2014年調査では，無作為抽出した企業とは別に，2006年調査の回答企業も調査対象とした。どちらも全国の従業員数300人以上の企業6000社が対象である。回答企業は2006年調査が863社（有効回収率14.4％），2014年調査が1000社（有効回答率16.7％）であった。2006年と14年両方のデータを利用可能なのは264社である。

2 WLB制度の整備状況

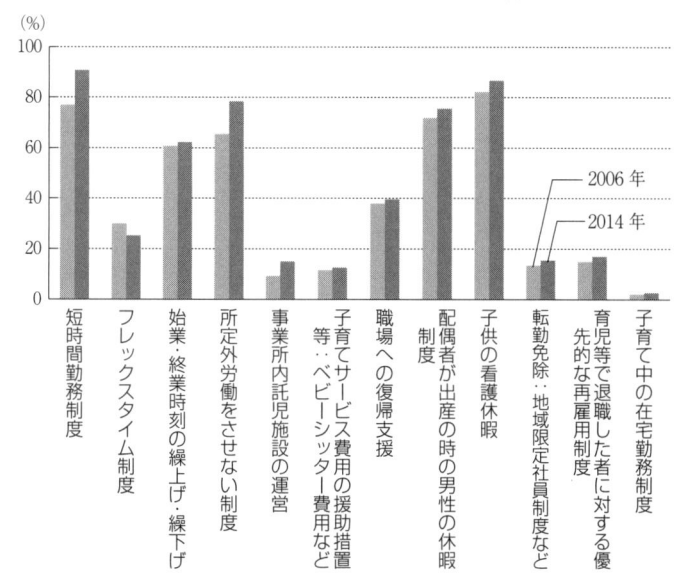

図4-1 出産・育児に関わる支援制度の有無

(%)
[グラフ：2006年と2014年の比較]
- 短時間勤務制度：約76%、90%
- フレックスタイム制度：約30%、25%
- 始業・終業時刻の繰上げ・繰下げ：約61%、62%
- 所定外労働をさせない制度：約65%、78%
- 事業所内託児施設の運営：約9%、14%
- 子育てサービス費用の援助措置等…ベビーシッター費用など：約11%、12%
- 職場への復帰支援：約38%、39%
- 配偶者が出産の時の男性の休暇制度：約71%、75%
- 子供の看護休暇：約82%、82%
- 転勤免除…地域限定社員制度など：約13%、14%
- 育児等で退職した者に対する優先的な再雇用制度：約14%、16%
- 子育て中の在宅勤務制度：約2%、3%

図4-1は今回のアンケート調査で調べた個別の支援制度の実施状況を示している。フレックスタイム制度を除くすべての制度で導入率が高まっていることがわかる。なかでも短時間勤務制度や所定外労働をさせない制度の導入率が高まっている。これには，2010年育児・介護休業法の改正により，3歳までの子を養育する労働者の短時間勤務制度の整備を義務化した効果に加えて，労働者からの請求があった場合の所定外労働免除を制度化した効果も反映されていると考えられる。

図4-1は合計12の支援制度の有無をまとめたものであるが，支援制度の実施状況の見晴らしをもう少しよくするため，以下では因子分析という手法を用いて4つの指標を作成した。具体

第4章 「子育てする企業」の特徴は?

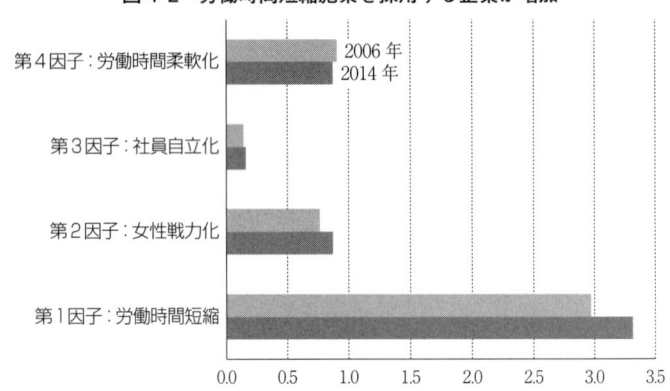

図 4-2 労働時間短縮施策を採用する企業が増加

(注) 2006, 2014年各年のクロスセクションデータ(単年度横断面データ)による平均値。第1, 第2因子は4つの施策の合計であり0-4をとる変数, 第3, 第4因子は2つの施策の合計であり0-2をとる変数。

的には，労働時間短縮因子，女性戦力化因子，社員自立化因子，そして労働時間柔軟因子である[3]。これら指標の平均値を見ると，労働時間短縮施策を採用した企業が増加していたことがわかる（図 4-2）。

では，女性の継続就業率や正社員比率，管理職比率はどうなっただろうか[4]。就業継続する女性が多い企業の比率は 47.6%

---

3) 第1因子：労働時間短縮因子は，短時間勤務制度，所定外労働をさせない制度，配偶者が出産のときの男性の休暇制度，子どもの看護休暇，第2因子：女性戦力化因子は，事業所内託児施設の運営，職場への復帰支援，転勤免除（地域限定社員制度など），育児等で退職した者に対する優先的な再雇用制度，第3因子：社員自立化因子は子育てサービス費用の援助措置等，子育て中の在宅勤務制度，第4因子：労働時間柔軟化因子は，フレックスタイム制度，始業・終業時刻の繰上げ・繰下げ，からそれぞれ構成されている。

2 WLB制度の整備状況

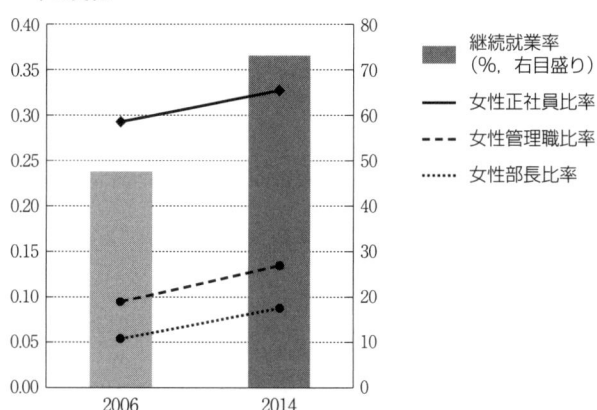

図4-3 継続就業率, 女性正社員比率, 女性管理職比率, 女性部長比率の変化

(注) 継続就業率は, 「1.結婚前に自己都合で退職する」, 「2.結婚を契機に退職する」, 「3.結婚後, 妊娠や出産より前に退職する」, 「4.妊娠や出産を契機に退職する」, 「5.出産後, 育児休業を利用するが, 1〜2年のうちに退職する」, 「6.出産後, 育児休業を利用して, その後も継続就業する」, 「7.出産後, 育児休業を利用しないで継続就業する」, 「8.女性社員はいない」, の8つの選択肢から, 企業が女性正社員の就業継続の状況として最も多いパターンとして, 6または7と回答した企業の比率。

から72.9%に大幅に上昇, 女性正社員比率は29.4%から32.7%, 女性管理職比率は9.5%から13.6%, 女性部長比率は5.5%から8.7%に上昇した（図4-3）。この上昇要因については, 次節で詳しく分析する。

---

4) 女性正社員比率は女性正社員数を男女の正社員数で除したもので, 女性管理職比率は女性課長数と女性部長数を合計したものを男女の課長数と部長数を合計したもので除したもの, 同様に女性部長比率は女性部長数を男女の部長数で除したものである。それぞれ数値が高いほど女性が活用されていることを示している。

3 WLB制度と女性の継続就業

では，WLB制度の充実は，継続就業率の上昇に結びついたのだろうか。分析してみよう。

分析する際にわれわれがとくに注意したのは，WLB制度の充実が継続就業に結びついたとしても，それには2つの効果が影響しているという点だ。1つ目の効果は，WLB制度が導入されたことによって，継続就業率が伸びたという効果で，制度導入要因と以下では呼ぼう。もう1つの効果は，WLB制度を利用する人々が増えたりすることによって，継続就業率が伸びたという効果で，これを制度運用要因と呼ぼう。この場合，仮にWLB制度が新たに導入されなくとも，WLB制度の利用者が増えて継続就業率の向上に結びつく。WLB制度の充実というと，制度があるかどうかに目が向いてしまいがちになるが，制度運用の良し悪しや制度利用者増加も，制度充実を見るうえでは重要な点だ。

以上のWLB制度充実の2つの側面に着目して，継続就業率に与える効果を見るため，われわれはBlinder-Oaxaca分解という手法を用いた（第5節の補論を参照）。説明変数は先に見た4つの指標である。

分析の結果を示しているのが図4-4である。はじめに，一番左にある継続就業状況の棒グラフを説明しよう。この棒グラフ

3 WLB制度と女性の継続就業

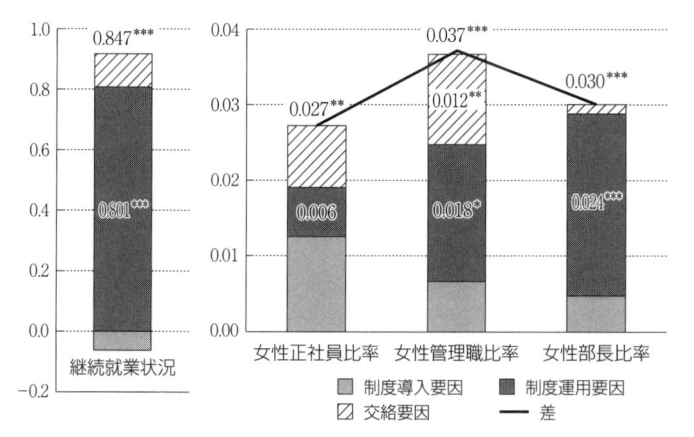

図4-4 継続就業率の上昇のほぼすべてが制度運用要因によるもの

(注) Blinder-Oaxaca分解で、2006-2014年の変化を制度導入要因(施策などの平均値の変化)と制度運用要因(施策を行うことに対する感応度)に分解。説明変数は、第1～第4因子、組合有無、産業、規模。***, **, * は、それぞれ1, 5, 10%水準で統計的に有意なことを示す。

の上に 0.847 という数値がある[5]。これは 2006 年から 2014 年にかけて女性の就業継続を示す指標が 0.847 上昇していることを意味している。女性の就業継続率がこの時期に伸びていることは図 4-3 でも見た。

この 0.847 のうち、制度運用要因と呼んでいる部分が 0.801 で、これは WLB 制度を利用する労働者が増えたことの効果である。一方で制度導入要因と呼んでいる部分は統計的に有意な

---

5) 図4-2の指標とは異なる点に注意されたい。ここで用いた指標は、図4-2のもとで説明された女性正社員の継続就業や退職のパターンをそのまま順序尺度として用いている。この数値が大きいほど、そうした企業で就業継続する女性の割合が高いことを示している。

99

第4章 「子育てする企業」の特徴は？

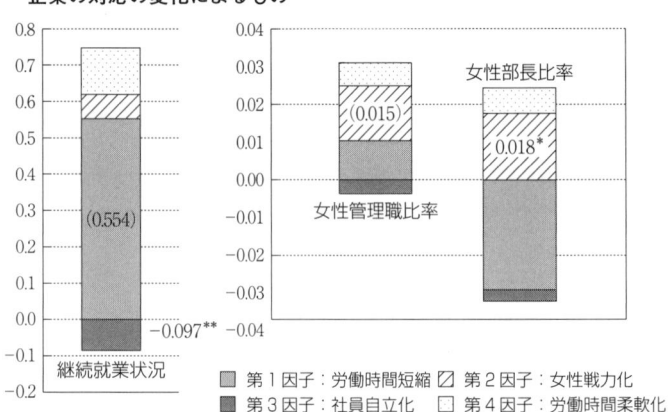

図 4-5　継続就業率が上昇したのは，労働時間短縮施策に対する労働者，企業の対応の変化によるもの

■ 第1因子：労働時間短縮　☒ 第2因子：女性戦力化
■ 第3因子：社員自立化　□ 第4因子：労働時間柔軟化

(注) Blinder-Oaxaca 分解の制度運用要因の係数。説明変数は，第1～第4因子，組合有無，産業，規模。***，**，* は，それぞれ 1, 5, 10% 水準で統計的に有意なことを示す。カッコの係数は 10% 水準には足りないが，有意なレベルが高い係数。

値ではない。このことは支援制度導入そのものの効果は女性の継続就業には影響していないことを意味している。

　女性正社員比率や女性管理職比率も同様に読み取ってみよう。女性正社員比率の変化については，棒グラフの半分ほどが制度導入要因であり，WLB 制度導入そのものに女性正社員比率を高める効果があったと言える。他方，女性管理職比率や女性部長比率については，制度運用要因が大きな割合を占めており，WLB 制度を利用する従業員が増えることで比率が高まったと考えられる。

　さらに，制度運用要因の内容を精査すると，継続就業に対しては労働時間短縮因子の効果が大きく，女性管理職比率，女性部長比率に対しては女性戦力化因子が大きく寄与している（図

4-5)。これは，労働時間を短縮するような施策が女性の継続就業に対してより大きな効果を持つようになったのに対し，職場への復帰支援や転勤免除などの女性を戦力化するような施策は女性管理職比率や女性部長比率を上げる効果があったことを意味している。

4 求められる「子育てする企業」

この章での分析結果をまとめると，次の2つになる。

1つ目は，2006年から2014年の8年間で女性の継続就業率，女性正社員比率，女性管理職比率，女性部長比率などが大きく上昇した。これには，少子高齢化の中で女性の活用を余儀なくされている社会変化と，2005年の次世代育成支援対策推進法の施行や2004年，2009年，2010年，2012年の育児・介護休業法改正などの政策による効果が相まって影響したと考えられる。

2つ目は，継続就業率と女性管理職比率や女性部長比率とでは，効果のある支援施策が必ずしも同じではないことである。継続就業率上昇に効果のあった施策は労働時間短縮であり，女性管理職比率・女性部長比率に効果のあった施策は職場の復帰支援など女性を戦力化しようとする会社の支援である。女性の就業を継続する施策と指導的立場の女性を増やす施策は必ずし

も同じでなく，女性活躍推進施策と一言で言っても，それぞれの局面で異なる施策が必要であるのかもしれない。

わが国では今後も少子高齢化が進むことが予測されていることから，女性活躍の促進と同時に少子化対策も必要である。そのために，女性が子育てをしながら継続就業できる環境を整えていくことがどうしても必要だ。概して，そうした環境整備は主に保育園や学童保育の整備などに議論が集中しがちになるが，企業のWLB制度の整備なくしては効果が小さなものとなってしまう。その意味で，企業が支援制度をどのように整備し運用していくか，人事労務管理上の工夫が求められている。

また，政府をはじめ社会全体がそうした「子育てする企業」を育むことも大事だろう。たとえば次世代育成支援対策推進法に基づく「くるみんマーク」や「プラチナくるみんマーク」の普及とその利用促進は「子育てする企業」を育む重要な政策である。こうした政策によって，社会全体が企業の女性活用と少子化対策を促すことが少子高齢化を乗り越えていくうえでは大事だと考える。

5 補論：Blinder-Oaxaca 分解について

第3節の分析で用いたBlinder-Oaxaca分解を簡単に紹介する。

5 補論：Blinder-Oaxaca 分解について

　2006 年から 2014 年にかけて，継続就業率や正社員女性比率，女性管理職比率が上昇したが，それは企業が WLB 施策などを導入したからなのか，それとも施策の導入度は変わらなくとも導入している企業の継続就業率，正社員女性比率，女性管理職比率が導入していない企業に比して大きくなったのか（つまり施策を導入することによる効果が大きくなった）からなのか，あるいはその両方が効果的だったのかはわからない。したがって，政策提言のためには，要因分解を行って継続就業率等がなぜ上昇したのかを明らかにする必要がある。

　2006 年と 2014 年の継続就業率（または正社員女性比率，女性管理職比率。以下同様）の決定要因を表す式が，それぞれ以下のように書けるとする。

$$Y_{2006} = \alpha_{2006} + \sum \beta_{2006} X_{2006} + u_{2006}$$
$$Y_{2014} = \alpha_{2014} + \sum \beta_{2014} X_{2014} + u_{2014}$$

Y は継続就業率，X は継続就業率を説明する要因（主に WLB 施策），u は誤差項である。添え字は調査年を表している。この 2 式の差を取ると，

$$Y_{2014} - Y_{2006} = (\alpha_{2014} - \alpha_{2006}) + \left(\sum \beta_{2014} X_{2014} - \sum \beta_{2006} X_{2006}\right) + (u_{2014} - u_{2006})$$

さらに変形すると，

$$= (\alpha_{2014} - \alpha_{2006}) + \sum X_{2014}(\beta_{2014} - \beta_{2006})$$
$$+ \sum \beta_{2006}(X_{2014} - X_{2006}) + (u_{2014} - u_{2006})$$

となる。この式から，2006年と2014年の継続就業率の変化が，右辺のように分解されることがわかる。このうち，($\alpha_{2014} - \alpha_{2006}$) + $\sum X_{2014}(\beta_{2014} - \beta_{2006})$の部分は「説明されない部分」と呼び，本文中では「制度運用要因」に対応する。すなわち，WLB施策の導入度などといった継続就業率を高める企業属性によって説明されず，同じぐらいのWLB施策導入率であっても利用度が異なるなどで，女性活用が多くなっていることを示す部分である。また，$\sum \beta_{2006}(X_{2014} - X_{2006})$の部分は「説明される部分」と呼び，本文中では「制度導入要因」に対応する。これは，継続就業率を高める企業属性によって直接説明される部分であり，すなわちWLB施策導入度が2006年から2014年にかけて高まったことによる女性活用度の高まりを示す部分である。

● 参考文献

朝井友紀子（2014）「2007年の育児休業職場復帰給付金増額が出産後の就業確率に及ぼす効果に関する実証研究──擬似実験の政策評価手法を用いた試論」『日本労働研究雑誌』第644号，76〜91頁。

川口章（2002）「ファミリー・フレンドリー施策と男女均等施策」『日本労働研究雑誌』第503号，15〜28頁。

川口章（2011）「均等法とワーク・ライフ・バランス——両立支援政策は均等化に寄与しているか」『日本労働研究雑誌』第615号，25～37頁．

坂爪聡子（2008）「少子化対策として効果的なのは保育サービスの充実か労働時間の短縮か？」『季刊社会保障研究』第44巻第1号，110～120頁．

坂爪聡子・川口章（2007）「育児休業制度が出生率に与える効果」『人口学研究』第40号，1～15頁．

佐藤一磨・馬欣欣（2008）「育児休業法の改正が女性の就業に及ぼす影響」，樋口美雄・瀬古美喜・慶應義塾大学経商連携21世紀COE編著『日本の家計行動のダイナミズムⅣ——制度政策の変更と就業行動』慶應義塾大学出版会，所収．

滋野由紀子・大日康史（1998）「育児休業制度の女性の結婚と就業継続への影響」『日本労働研究雑誌』第459号，39～49頁．

滋野由紀子・大日康史（2001）「育児支援策の結婚・出産・就業に与える影響」，岩本康志編著『社会福祉と家族の経済学』東洋経済新報社，所収．

滋野由紀子・松浦克己（2003）「出産・育児と就業の両立を目指して——結婚・就業選択と既婚・就業女性に対する育児休業制度の効果を中心に」『季刊社会保障研究』第39巻第1号，43～54頁．

駿河輝和・張建華（2003）「育児休業制度が女性の出産と継続就業に与える影響について——パネルデータによる計量分析」『季刊家計経済研究』第59号，56～63頁．

駿河輝和・西本真弓（2002）「育児支援策が出生行動に与える影響」『季刊社会保障研究』第37巻第4号，371～379頁．

野口晴子（2007）「企業による多様な『家庭と仕事の両立支援策』が夫婦の出生行動に与える影響——労働組合を対象とした調査の結果から」『季刊社会保障研究』第43巻第3号，244～260頁．

樋口美雄（1994）「育児休業制度の実証分析」社会保障研究所編『現代家族と社会保障――結婚・出生・育児』東京大学出版会，所収。

樋口美雄・阿部正浩・J. Waldfogel（1997）「日米英における育児休業・出産休業制度と女性就業」『人口問題研究』第53巻第4号，49～66頁。

松繁寿和（2008）「女性大卒正社員の定着への影響」，佐藤博樹・武石恵美子編『人を活かす企業が伸びる――人事戦略としてのワーク・ライフ・バランス』第4章，勁草書房，所収。

水落正明（2012）「次世代育成支援対策推進法が出産および女性の就業継続に与える影響」『社会科学研究』第64巻第1号，6～24頁。

森田陽子・金子能宏（1998）「育児休業制度の普及と女性雇用者の勤続年数」『日本労働研究雑誌』第459号，50～62頁。

山本勲（2014）「企業における職場環境と女性活用の可能性――企業パネルデータを用いた検証」RIETI Discussion Paper Series 14-J-017.

脇坂明（2009）「WLBの定着・浸透――制度・実態ギャップと中小企業」『日本労働研究雑誌』第583号，4～13頁。

Asai, Yukiko (2015) "Parental Leave Reforms and the Employment of New Mothers: Quasi-experimental Evidence from Japan," *Labour Economics*, 36, pp. 72-83.

Blinder, A.S. (1973) "Wage Discrimination: Reduced Form and Structural Estimates," *Journal of Human Resources*, 8(4), pp. 436-455.

Kato, T. and N. Kodama (2014) "Labor Market Deregulation and Female Employment: Evidence from a Natural Experiment in Japan," IZA discussion paper, No. 8189.

Kato, T., and N. Kodama (2015) "Work-Life Balance Practices, Performance-Related Pay, and Gender Equality in the Workplace: Evi-

dence from Japan," RIETI Discussion Paper Series 15-E-108.
Oaxaca, R. (1973) "Male-Female Wage Differentials in Urban Labor Markets," *International Economic Review*, 14(3), pp. 693-709.
Yanadori, Y. and T. Kato (2009) "Work and Family Practices in Japanese Firms: Their Scope, Nature and Impact on Employee Turnover," *International Journal of Human Resource Management*, 20(2), pp. 439-456.

第5章

地方自治体の少子化対策は効果があったのか？

松田茂樹・佐々井 司
高岡純子・工藤 豪

第5章 地方自治体の少子化対策は効果があったのか？

1 検証されていない自治体の少子化対策の効果

地方自治体が行ってきた少子化対策は出生率の回復に対してどのような効果があったのだろうか。

以下で詳しく見るように，都道府県別の合計特殊出生率（以降 TFR）にはかなりのバラツキがある[1]。2013年の TFR は，全国平均が 1.39 であるのに対して，最も高い沖縄県で 1.94，最も低い東京都で 1.13 となっている。ただし，ほとんどの地域の TFR は，全国平均よりも高いのが事実だ。

では，全国平均の TFR が低いのはなぜか。その理由は，東京都のように TFR 水準が低い都道府県で人口規模が大きいからだ。人口規模の大きく TFR 水準が低い地域に引きずられて，全国平均が下がっている。

したがって，日本全体の合計特殊出生率を高めるためには，各地域での少子化対策をどのように進めるかが非常に大事だと考えられる。

そこで，この章では地方自治体が行ってきた少子化対策の効果を検証したい。具体的に検証した施策は，結婚・出産・子育て支援（狭義の少子化対策）と定住策・住宅・企業誘致（広義

---

1) TFR は九州を中心とした西日本の県で高く，政令指定都市などの大都市部を抱える都道府県で低くなる傾向がある。

の少子化対策)である。後者は地方創生の取り組みとして現在注目されているものだ。

ところで,わが国では過去20年間に少子化対策が実施されてきたが,出生率はいまだに低迷している。これまでの研究では,地方自治体の少子化対策の実態やその規定要因,さらにはその政策効果などが分析されてきたが,自治体が行ってきた少子化対策が出生率回復に対してどのような効果を与えたかについては検証されていない(岩渕,2004;松田,2007;阿部・原田,2008;鎌田,2011)。これまで自治体が少子化対策として取り組んできた施策には出生率を回復させる効果があったのかどうか,さらにはどのような施策が出生率回復に効果的だったのかを明らかにすることは,今後の少子化対策を考えるうえで非常に大事なポイントだ。

そこでわれわれは複数の自治体の少子化担当者に対してヒアリング調査を実施すると同時に,全国の市区町村を対象にしたアンケート調査を実施した。自治体が行っている少子化対策が出生率回復等にどのような影響を与えたかを検証してみたい。

2 地域別に見た合計特殊出生率の特徴

わが国のTFRの地理的分布は,厚生労働省が毎年公表(6月に概数,9月に確定値)している地図においてそのイメージ

第 5 章　地方自治体の少子化対策は効果があったのか？

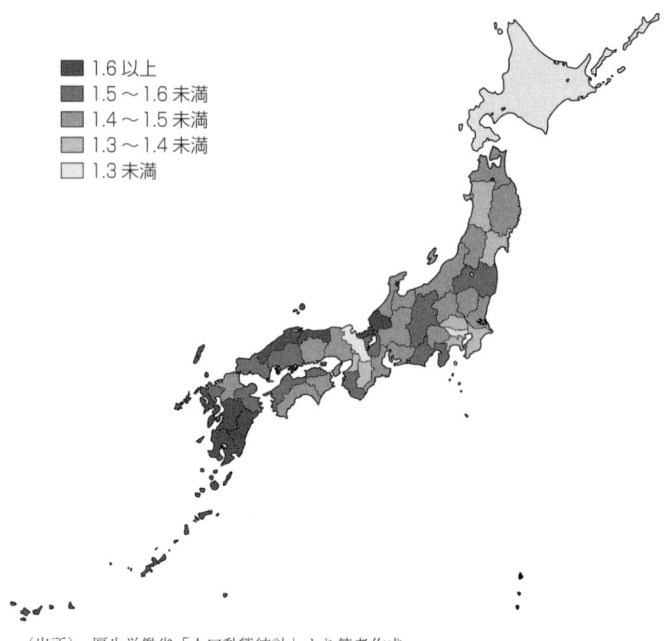

図 5-1　都道府県別に見た合計特殊出生率（2013 年）

- 1.6 以上
- 1.5～1.6 未満
- 1.4～1.5 未満
- 1.3～1.4 未満
- 1.3 未満

（出所）　厚生労働省「人口動態統計」より筆者作成。

が示されている（図 5-1）。その出生水準を基に都道府県をカテゴリー化すると，ほとんどの都道府県の TFR は全国平均よりも高く，全国平均よりも低い都道府県は 10 程度しかない。日本全体の TFR は，人口規模の大きい少数の大都市のそれに引きずられる形で影響を受けている。具体的に全国平均の TFR より低いのは，秋田県，宮城県，千葉県，埼玉県，大阪府，奈良県，神奈川県，北海道，京都府，東京都の 10 都道府県でこの傾向は近年ほとんど変化していない。

各都道府県の特徴として，概して TFR の高い地域ほど女性

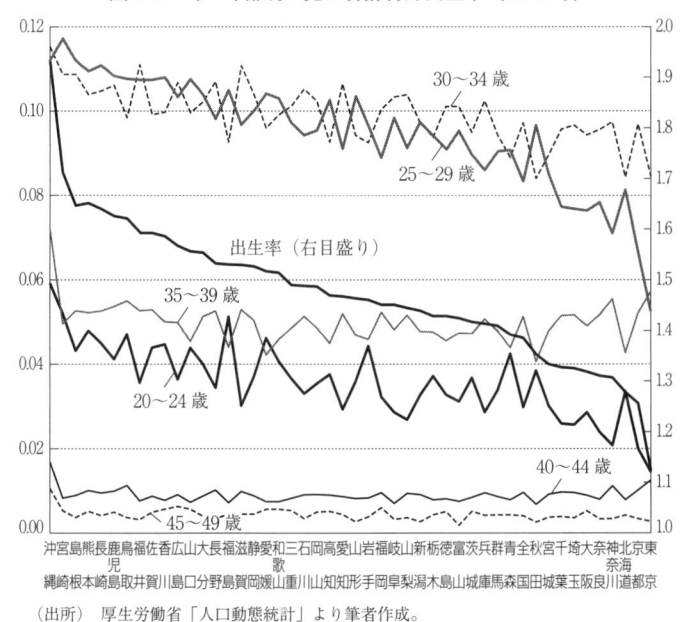

図 5-2 母の年齢別に見た合計特殊出生率 (2013 年)

(出所) 厚生労働省「人口動態統計」より筆者作成。

20歳代後半と30歳代前半における出生率が高い（図5-2）。なかでも，TFRの高い地域では20歳代後半の出生率がピークを形成しているのに対して，TFRの低い地域のほとんどで出生率のピークが30歳代の前半になっている。ちなみに，TFRの最も高い沖縄県では女性の20歳代前半や30歳代後半の出生率も高く，TFRの最も低い東京都では20歳代後半の出生率が極端に低くなっている（佐々井・別府，2014a）。

ところで，全国のTFRは2005年に記録した1.26を底にして，その後上昇傾向が続いているが，地域別に見てもおおむね同様の傾向が見られる。しかし，出生率が上昇傾向にあるにも

第5章　地方自治体の少子化対策は効果があったのか？

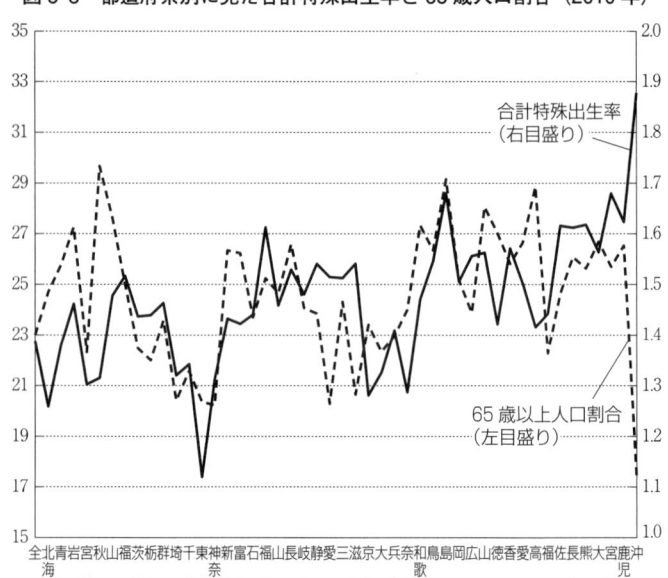

図 5-3　都道府県別に見た合計特殊出生率と 65 歳人口割合（2010 年）

（出所）　総務省統計局「国勢調査」，厚生労働省「人口動態統計」より筆者作成。

かかわらず，地域の人口減少と高齢化に歯止めのかかる兆しは見られない。一見矛盾するようだが，TFR が上昇しても出生数が減っている地域が多いのだ。この背景には，日本創成会議・人口減少問題検討分科会提言「ストップ少子化・地方元気戦略」で指摘されているとおり，若年女性人口の減少がある[2]。また，TFR が高い地域で高齢化が進行している（図 5-3）[3]。これは，人口の転出入の状況が地域によって異なるためであ

---

2)　日本創成会議ウェブサイト（http://www.policycouncil.jp/）。
3)　ただし沖縄県は例外。

114

る[4]。人口の移動は10歳代後半から20歳代前半を中心とした若年人口で頻繁に生じるが,そのために出生動向が直接的に人口構造の変化に結びついていないからだ。

　以上のように,TFRは地域によってバラツキがあった。また,TFRが高い地域と低い地域で女性の年齢別出生率に違いがあった。さらに,TFRは上昇していても出生数は減少していたり,TFRの高い地域で高齢化が進展していたり,若年人口の移動が影響している可能性があった。

　こうした地域別のTFRの違いや若年人口移動の違いに対して,地方自治体がどのような対策をとり,それはどのような効果があったのだろうか。

3　自治体ヒアリングから得られた知見

　今回われわれは4つの都県および8つの市区町村を対象に,当該地域における少子化の状況,少子化対策とその成果を把握することを目的としたヒアリング調査を実施した。対象とした自治体は,①東京都(東京都,江戸川区,世田谷区),②秋田県(秋田県,大潟村),③愛知県(愛知県,名古屋市,高浜市,日進市),④熊本県(熊本県,熊本市,嘉島町)である。これ

---

4)　理論上は,死亡率の差でも生じる可能性がある。

らの自治体の選定理由は次のとおりである。東京都は出生率が最も低い地域であり，そこで取り組まれてきた対策およびその成果を把握する。秋田県および愛知県の自治体は，既存研究において 1990 年代に出生率が回復した基礎自治体を含むところである。熊本県は，出生率が高い九州の事例として調査を行った。

3.1 少子化に対する首長・担当者・住民の認識

いずれの地域においても首長の少子化に対する危機感は強く，積極的に少子化対策を行っている。むしろ，少子化を問題視せず，何の少子化対策をも講じていない地域は皆無であった。"切れ目のない支援"という観点から，結婚，妊娠，子育て，仕事と家庭の両立支援と，住民のライフコースの各ステージに対して何らかの施策を講じるべく，行政の各担当部局も努力していた。

とは言え，地域によって重点課題とその解決のために講じる重点施策は異なっていた。人口が増加している一部の地域では，待機児童の解消や子育て世帯の満足度の向上が重要課題となっていた。一方，人口が減っている多くの地域においては，人口減少に歯止めをかけるべく，就学，就職，結婚，住宅取得や建替など，多様な支援で若者のUターンや定住などを促そうと試みていた。住民の認識については，アンケート調査の結果などを見る限り，地域の少子化への関心はきわめて高くなっている。

3.2 少子化の要因

今回の調査で訪問した地域では"結婚"が重要だと認識している行政職員が多い，と感じられた。東京都を除くほとんどの地域で結婚支援の重要性があげられていた。未婚化・晩婚化が少子化の主要因であると自治体担当者は認識していることがうかがえる。

一方で，夫婦の子どもの数が減少していることへの認識は，結婚に対する問題意識に比べて低いように見受けられた。おそらく，行政として支援できる具体的な施策に結びつけることが難しいというのが一因ではないかと思われる。また，子育て支援・両立支援の重点施策として最優先で取り組まれてきた公的な保育制度の拡充が進む中で，保育所待機児童が東京都の一部等を除く多くの地域で大幅に減少してきたことや，子育て世代の長時間労働が問題視される一方で，非正規等の不安定就労が顕在化するという課題の変容が，行政として各地域の少子化の要因を捉え難くしているように見受けられた。

3.3 具体的な施策

都道府県では，主として諸制度の広報や民間団体活動への助成といったソフト面での支援と，結婚支援や子育て応援企業支援のような広域を対象とすることで，効果が表れやすい活動への協賛等を行う傾向にあった。そして個別具体的なサービスは各市区町村が主体的に行っており，サービスに違いが見られる。

たとえば，子ども医療費の上乗せ助成は市区町村によって基準等が異なるが，都道府県が上乗せ助成を行っているところでは市区町村も上乗せして助成するところもあり，格差が見られる。また，東京都の認証保育園や横浜市保育室をはじめとする独自の公的保育制度を運用する都道府県があるほか，認可保育所の保育料助成にも都道府県，および市区町村ごとに大きな違いが見られる。

待機児童は東京都を筆頭に大都市で依然多いものの，横浜市の待機児童ゼロをきっかけに名古屋市をはじめとする他の政令指定都市等でもなくなる傾向にある。保育所の新規開設数はこのところ急増している。しかしながら，若年夫婦世帯の転入の状況，0歳児の公的保育の違いや児童一人あたりの保育面積の違いなど，保育現場での需要側と供給側，双方の状況によって，待機児童解消の程度に違いが見られる。さらに，就学児童を対象とする放課後対策では市区町村ごとの違いが大きいように見受けられる。また母子保健，子ども支援センターの設置・運営，病児・病後児保育の取り組みの中には，市区町村による独自の取り組みも見られる。

3.4 少子化対策の成果とその評価

近年のTFRは2006年以降全国的に上昇傾向にある。地域ごとに見たTFRもおおむね上昇傾向にある。ただし，それが少子化の要因を取り除く適切な政策の効果と解釈できるかとい

うと，現時点では難しいように感じる。今回のヒアリングでは近年のTFR上昇を少子化対策の直接的な成果として認識している行政の担当者はいなかった。ただし，少子化対策を何ら講じなければTFRの上昇さえ生じていなかったかもしれない，という声は聞かれた。

少子化対策の評価が難しいことの背景には，TFR上昇にもかかわらず出生数が減少している地域が多いことがあげられる。そもそも，少子化をどう定義し，その少子化の要因が何であるかについて明確にしたうえで，少子化対策に取り組んでいる地域はそれほど多くない。直面する課題に試行錯誤で対応しているというのが実態であろう。また，上述したとおり，地方行政として地域の少子化要因の把握が難しくなる中にあって，これまで進めてきた既存の少子化関連諸施策の評価が難しくなるのは当然のこととも言える。

なかでも評価の難しいのが結婚支援である。イベント件数を目標とするのは比較的容易ではあるが，それで少子化対策としての評価ができるかと言えば，そんなことはない。成婚カップルの実態やさらにその後の生活の様子などについて公的機関が詳細に把握することに関しては，個々のプライバシーを尊重する観点からきわめて慎重であるべきだと考えるが，少ない事例からであっても支援施策の成否を評価することができれば，今後の結婚支援のあり方を考えるうえで貴重な情報になるであろう。

仕事と家庭の両立や夫婦の子ども数に関する支援施策については，地域全体における平均的な評価として，妻の就業率の変化，保育所在所児童の割合，夫の家事・育児時間の変化などを定量的に分析するという形をとる地域が多い。ただし，地域ごとの住民の特徴，さらには個々の家庭事情が多様であることから，行政的な対応の効果をマクロの数値によって検証することの難しさを感じる。

3.5　今後の少子化対策

　少子化対策に限ったことではないが，公的施策の多くにおいて，国，都道府県，市区町村の役割は異なる。近年の少子化対策の傾向として，国全体から都道府県，さらには市区町村へと，各施策遂行の担い手が小地域に降りてきている。住民に最も身近な行政主体ほど，住民のニーズを把握しやすく，適切で効果的な施策を講じることができるという点では，あるべき姿だと考える。その一方で，わが国で生じている少子高齢化と人口減少という現象は，それぞれの市区町村における創意工夫と努力だけで容易に変わっていくものではなさそうだ，と認識され始めているようにも思われる。

　従来は市町村ごとに行われていた結婚支援は，現在では少なくとも県単位で広範囲にネットワークを設ける傾向にある。今後は，すでに九州等で先行しているように，県の枠を超えて広域連携事業として行う取り組みも始まっている。さらには，地

3 自治体ヒアリングから得られた知見

方創生の流れを受けて,若年人口の移動を見据えた国全体による取り組みが求められるであろう。保育支援については子ども・子育て支援法の成立後の交通整理が急務になる。いまだ,既存の幼稚園,保育所と認定こども園の役割が明確になっているとは言えず,相互の協働体制も十分にできているとは言いがたい。小規模保育の位置づけとも合わせて,真に地域住民に求められている公的保育の役割を明確に把握し,迅速に対応する必要がある。

仕事と家庭の両立と少子化の関係についても同様の課題がある。とくに大都市や地方の中核都市では,住民が通勤する職場が必ずしも当該市町にあるとは限らない,あるいは逆に当該市町にある企業が両立環境を改善したとしても,その従業員は域外から通勤している,といったケースが少なくない。各市区町村単独の取り組みがどの程度住民の満足感を高め,少子化対策としても一定の効果をあげるかについては,今後も考察を続ける中で政策効果を見極める必要がある。

他方,少子化対策の位置づけも変わりつつある。とりわけ,昨今の地方創生の流れを受けて少子化対策が若年人口の減少との関係で議論されることが多くなった。人口が増加している地域では,製造業を中心に地域経済が良好で,従業員とその家族が集まることにより,統計上でも若年人口の増加が見られる。転入者が定住するためには,居住環境も重要な要件となる。比較的低廉な住宅が供給されていること,日常生活に必要な基本

第5章 地方自治体の少子化対策は効果があったのか？

的な施設が整っていることなどは，若年夫婦世帯が居住地を選択するにあたり重要な条件と言える。今回調査にご協力いただいた地域においては，中心市街地と比べて相対的に安い持家（その多くは土地を含む戸建）が新規に建設できるところに人口が集まる傾向が見られた。その一方で，就業機会の多い中心市街地でも，若年夫婦にも手の届く価格帯のマンションが供給されているところには人口が集まっている。これらの考察から，今後ますます若年人口の地方へのＵターンなど[5]，その定住施策の重要性が高まっていくであろう。

少子化対策は，現実の出生動向の変化に応じてその重点が変わりつつあるものの，地域住民に「安全・安心・安定」の居住環境を担保するという地方行政の根本的な役割には何ら変わりはない。出産に関わる母子保健，児童虐待，DVといった子どもと親の命や生活に密接に関係する行政，子どもたちの健全な成長を支える行政を担うことが市区町村の最重要な役割である。

わが国の少子化に対する国民全体の関心はきわめて高い。そのことは，さまざまな調査で示されている一方で，地域住民一人一人が当事者意識を持って自主的に行動する動きが見られる地域はそれほど多くない。今後，都道府県や市区町村は，少子

---

5) Ｕターンなどには，出身地以外の居住地から出身地に移住するＵターン，出身地の近くに移住するＪターン，出身地と異なるところに移住するＩターンが含まれる。地方の自治体の念頭にあるのは，主に都市部居住者の移住である。

高齢化と人口減少にどのように対応していくかを，地域住民との協働の中で真摯に考えなければならないであろう。

4 アンケート調査からわかった事実

　今回実施したアンケート調査は2つある。「市区町村の少子化対策の現状と経緯に関するアンケート」と「市区町村における住宅・雇用対策に関するアンケート調査」である。前者は2013年11〜12月に各自治体の少子化対策担当部署に依頼し，609の自治体から有効な回答が得られた（有効回収率は35.0％）。後者は全国の市区町村（区は東京特別区）の企画課に回答を依頼し，645自治体から回答を得た（有効回収率は37.0％）。

　これら2つの調査結果を用いて，市区町村の政策が出生率，転出者率，総人口の変化に与えた効果を分析する。分析の期間は，平成の大合併が終了した2000年代半ばから2010年である。ただし，変数の情報を取得できる時点の制約や変数の性格を踏まえて，各変数には若干の違いがある。

4.1 結婚・出産・子育て支援の効果

　まず「市区町村の少子化対策の現状と経緯に関するアンケート」を用いて，市区町村が実施した結婚・出産・子育て支援が

出生率等に与えた効果を見てみよう。

　市区町村における結婚・出産・子育て支援の実施率が表5-1である。「結婚・妊娠・出産の支援」「家庭での子育て支援」「保育・幼児教育」の3つのカテゴリーについて、市区町村が独自に実施している事業13項目の実施状況を見ている。

　結婚・妊娠・出産の支援としては、「D. 妊産婦検診の経済支援」を実施している自治体が多い。2005年時点で約半数の自治体が妊産婦検診の経済支援を実施、2013年になると8割もが実施している。これに対して「B. 不妊治療への経済支援」は2005年には2割弱の自治体しか実施していなかったが、2013年になると約半数が実施するようになった。近年実施する自治体が増えてきたものに「C. 結婚相談・結婚仲介」があげられる。

　家庭での子育て支援については、「B. 子どもの医療費の無料化」や「C. ファミリー・サポート・センター」、そして「D. 子育てひろば」を実施する自治体が多いが、「A. 国基準の児童手当に上乗せ」している自治体はきわめて少ない。

　保育・幼児教育を見ると、「A. 保育料を国基準よりも軽減」と「B. 幼稚園の入園料・授業料の軽減」を実施する自治体が多いことがわかる。

　2005年と2013年を比較すると、さまざまな施策の実施率が上昇しており、この間に自治体の結婚・出産・子育て支援が大きく拡充されたことがわかる。とくに「不妊治療への経済支

4 アンケート調査からわかった事実

表 5-1 市区町村における結婚・出産・子育て支援の実施率

(単位：%)

	2005	2013	変化
結婚・妊娠・出産の支援			
A. 出産費用の補助	19.5	23.0	3.5
B. 不妊治療への経済支援	18.4	55.0	36.6
C. 結婚相談・結婚仲介	11.7	30.0	18.3
D. 妊産婦検診の経済支援	53.4	80.0	26.6
家庭での子育て支援			
A. 国基準の児童手当に上乗せ	1.6	2.0	0.4
B. 子どもの医療費の無料化	50.1	79.0	28.9
C. ファミリー・サポート・センター	38.4	66.0	27.6
D. 子育てひろば	48.3	70.0	21.7
保育・幼児教育			
A. 保育料を国基準よりも軽減	74.4	89.0	14.6
B. 幼稚園の入園料・授業料の軽減	48.4	58.0	9.6
C. 認可外保育所への運営費補助金	24.3	32.0	7.7
D. 幼稚園に対する預かり保育補助	5.8	10.0	4.3
E. 保育ママへの運営費補助	4.3	8.0	3.7

(注) 全国一律のものでなく，市区町村が実施している事業。
2005 年時点は，現在実施している施策が当時すでに実施されていた割合。

援」や「妊産婦検診の経済支援」，「子どもの医療費の無料化」，そして「ファミリー・サポート・センター」を新たに実施した自治体が多い。

では，結婚・出産・子育て支援が出生率に対してどのような効果を与えただろうか。

これを検証するため，各自治体の結婚・出産・子育て支援の状況を表す指標を作成し，出生率にどう影響したかを見る。指標は，表 5-1 の各施策を実施している数が多い自治体から順に

第5章　地方自治体の少子化対策は効果があったのか？

「上G」(5つ以上実施)，「中G」(3〜4つ)，「下G」(2つ以下)と3つのグループに区分した。これは実施している施策の幅広さを表している。このグループのうち，「下G」や「中G」よりも「上G」の自治体で出生率が高ければ，支援策は出生率回復にポジティブな効果があると言える。

ただし，作成された指標が出生率に与えた純粋な効果を見るには，地域特性や人口規模の影響をコントロールする必要がある。たとえば，出生率が低い地域で支援策の効果によって出生率が高くなったとしても，そもそも出生率が平均的に高いために支援を行っていない地域の出生率にそれが及ばなければ，見かけ上は支援策に効果がないことになってしまう。また，人口規模が大きければ支援策を整備することは比較的容易かもしれないが，住民一人あたりで見ると支援規模が大きくないために，結果として出生率には影響しないこともありうる。そこで，地域特性や人口規模の影響をコントロールするため，作成された指標に加えて，地域特性や人口規模も加えた回帰分析を行った。

図5-4は，回帰分析結果のうち結婚・出産・子育て支援の状況を表す指標の効果だけを示したものだ。これによれば，人口5万人以上の自治体[6]に関しては，結婚・出産・子育て支援を幅広く実施してきた自治体で，あまり実施していない自治体に比べ，出生率がより高まっていたことがわかる。というのは，

---

6) 人口5万人以上はおおむね市レベルに相当する。

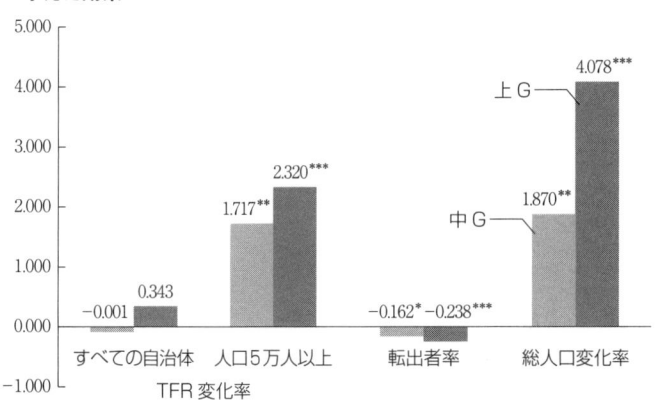

4 アンケート調査からわかった事実

図5-4 結婚・出産・子育て支援が出生率，転出者率，総人口変化率に与えた効果

```
         すべての自治体  人口5万人以上    転出者率      総人口変化率
上G:         0.343         2.320***       -0.238***      4.078***
中G:        -0.001         1.717**        -0.162*        1.870**
              TFR変化率
```

(注) ***，**，* はそれぞれ1，5，10％水準で統計的に有意なことを示す。

図5-4のTFR変化率の人口5万人以上において，「中G」の棒グラフも「上G」のそれもプラス方向にあり，しかも「上G」のほうが「中G」よりも伸びているからだ。これは，「下G」グループの自治体に比べると，「中G」や「上G」の出生率が高く，とくに「上G」グループの自治体の出生率は2.32ほど高まっていることを意味する。

ただし，「すべての自治体」の結果を示す棒グラフ（一番左端）においては，「上G」はプラス方向にあるが，統計的に確からしい結果は得られていない。このため，すべての自治体で少子化対策に効果があったと解釈することは難しく，少子化対策が出生率に効果があったのは人口5万人以上の自治体に限ったことであることも結果は示している。なお，結婚・出産・子育て支援の1つ1つの施策の実施が出生率に与えた効果につい

ても分析を行ったが，これについては有意な効果は見られなかった。

同様に，転出者率に関する分析結果を見ると，棒グラフはマイナス方向に向いており，ここでも結婚・出産・子育て支援を幅広く実施してきた市区町村では，その後の転出者率が有意に減少していることがわかる[7]。また，総人口変化率についても，結婚・出産・子育て支援を幅広く実施してきた市区町村はそうでない市区町村よりも変化率はプラスであった。

4.2 定住策・住宅・企業誘致の効果

続いて，市区町村が実施してきた定住策・住宅・企業誘致の効果を検証しよう。

まず，企業誘致が出生率等に与えた効果を分析した結果が図5-5である。企業誘致に関わる変数は，企業誘致した時点において創出された人口1万人あたりの雇用者数を用いた。これは企業誘致をした時点であるため，その後誘致した企業が雇用者数を増やせば，雇用創出力も増えることになる。

分析結果を見ると，出生率についての棒グラフはプラス方向に伸びているが，これは企業誘致により創出された雇用者数が多い市区町村ほど，その後の出生率の変化率がプラスであるこ

---

[7] なお，転出率と総人口変化率についてはすべての自治体の結果だけを示した。人口5万人以上の自治体でも同じ結果となっている。

4 アンケート調査からわかった事実

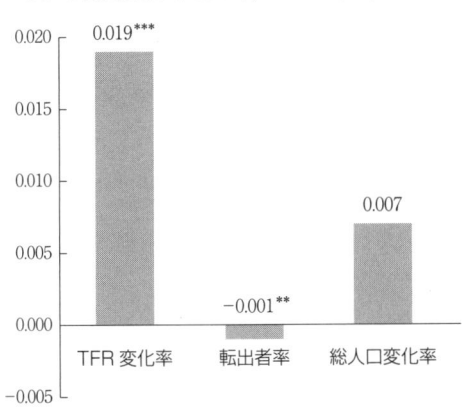

図 5-5 企業誘致が出生率，転出者率，総人口変化率に与えた効果（2005 年，人口 1 万人）

- TFR 変化率: 0.019***
- 転出者率: −0.001**
- 総人口変化率: 0.007

（注） ***，** はそれぞれ 1，5％ 水準で統計的に有意なことを示す。

とを意味している。そして，この効果は統計的に確からしい結果である。また，転出者率についての棒グラフはマイナス方向に伸びており，創出された雇用者数が多いほど転出者率が有意に減少していることを意味している。しかしながら，総人口に対する効果については統計的に確からしい結果が得られておらず，企業誘致は総人口を増やすまでの効果は見られない。

では，若い世代の定住や地域外からの移住についての取り組み（U ターンなどの取り組み）はどのような効果があっただろうか。

多くの自治体で「自治体のホームページ上で情報発信」や「移住・定住者への住宅支援」，「移住のための相談窓口の設置」などさまざまな取り組みが実施されている。こうした取り組みは人口流出に悩む自治体が実施する傾向にあるが，効果はあっ

第5章　地方自治体の少子化対策は効果があったのか？

表5-2　市区町村における若い世代の定住や域外からの移住のための取り組み内容

(単位：%)

	実施した取り組み	効果があった取り組み
自治体のホームページ上で情報発信	53.0	43.7
移住・定住者への住宅支援	42.1	43.1
移住のための相談窓口の設置	29.7	24.8
地元の農林水産業への就業支援	22.2	18.0
移住のためのイベント・セミナーの開催	20.9	16.9
新聞・雑誌・インターネット等での広告	18.3	14.6
移住のための経済的支援	14.5	13.4
移住のためのツアー実施	14.4	9.7
地元企業への就業支援	14.4	11.0
その他	16.4	19.5
特にしていない	24.1	8.3

たのか。

　自治体の担当者に対するアンケート調査からは、担当者の約4割が「自治体のホームページ上で情報発信」や「移住・定住者への住宅支援」は効果があったと認識している（表5-2）。

　これに対して、2000年代後半に行ったUターンなどの取り組みが出生率等に与えた効果の分析結果はやや違う様相を示している（図5-6）。まず、Uターンなどを取り組んでいる自治体ほど総人口変化率はマイナスとなっており、人口流出が起きていることがわかる。このことは、因果関係を考えると逆で、人口流出に悩んでいる自治体ほどUターンなどに取り組んでいると考えられる。

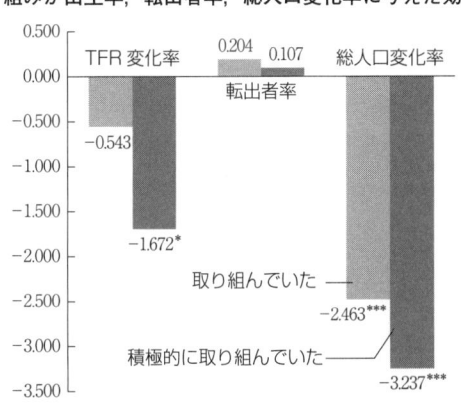

図5-6 若い世代の定住や域外からの移住のための取り組みが出生率，転出者率，総人口変化率に与えた効果

	TFR変化率	転出者率	総人口変化率
取り組んでいた	−0.543	0.204	−2.463***
積極的に取り組んでいた	−1.672*	0.107	−3.237***

(注) ***，*はそれぞれ1，10%水準で統計的に有意なことを示す。

　そして，人口流出に悩む自治体がUターンなどの取り組みを実施していることも影響して，少なくともこれらの取り組みが出生率に対して統計的に確からしい影響は与えていない。また，転出者率についても，Uターンなどに積極的に取り組んでいた自治体は，取り組んでいなかった自治体に比べて，統計的に確からしい影響を受けていない。

5 少子化対策と地方創生

　この章では，市区町村が行ってきた結婚・出産・子育て支援（狭義の少子化対策）と定住策・住宅・企業誘致（広義の少子化対策）が出生率等に与えた効果を分析した。

第5章　地方自治体の少子化対策は効果があったのか？

　分析結果から，結婚・出産・子育て支援は，出生率回復，転出者の抑制，地域人口の増加に寄与していると言える。出生率回復，人口回復のために，自治体は引き続き結婚・出産・子育て支援を拡充することが必要である。

　このとき特定の施策を強化するのみでは，地域の出生率等が回復することはない。これは保育所の待機児童対策についても当てはまるものである。その理由は，少子化対策の対象となる住民は，未婚者，これから子どもをもうけようとしている夫婦，子どもがすでに2人いる夫婦などさまざまであるからである。夫婦の働き方についても，正規労働者同士の共働き世帯，夫が正規労働者で妻がパートタイム労働者の世帯，専業主婦世帯がいる。1つの施策では，こうしたすべての対象者をカバーして，結婚・出産・子育ての環境全体を改善することは難しい。地域の出生率を回復するためには，住民のバリエーションに合わせた幅広い少子化対策のメニューが必要と言える。

　人口が5万人未満，すなわちおおむね町村においては，結婚・出産・子育て支援が転出者率を減少させることには寄与していたものの，出生率回復には有意な効果は見られなかった。すなわち，人口規模の小さい自治体では，結婚・出産・子育て支援が住民の転出を防ぐことに寄与し，その結果総人口の減少を幾分か止めることにつながっていると見られる。決して，こうした自治体において結婚・出産・子育て支援が必要ないというわけではない。人口規模が小さい自治体では，転出者が多い

ために,結婚・出産・子育て支援をしてもその対象者が減り続けていることが対処すべき根本の問題であるということである。

ただし,結婚・出産・子育て支援のみでは,出生率および総人口の回復力は限られる。ここでポイントになるものが,定住策・住宅・企業誘致(広義の少子化対策)である。広義の少子化対策を見ると,企業誘致は出生率回復,転出者の抑制に大きく寄与しており,効果的な出生率,総人口の回復策と言える。ただし,このときに,自治体が誘致合戦をしているだけでは,工場等を奪い合うゼロサムゲームに陥ってしまう。ヒアリング調査の結果も踏まえると,本調査結果が示唆することは,国全体および各地域における産業振興,中でも工業の振興が出生率や人口回復のために根本的に必要であるということである。そして,地域に雇用の場がつくられた後には,若い世代への住宅支援,定住支援の取り組みが大切になる。

以上を踏まえると,地方の出生率・総人口の回復には,結婚・出産・子育て支援(狭義の少子化対策)と定住策,住宅,企業誘致(地方創生に関わる施策)を両輪として政策を推進することが求められる。

附記 この章で用いた「市区町村の少子化対策の現状と経緯に関するアンケート」は,JSPS 科研費(研究活動スタート支援,課題番号 26885094,研究代表者:松田茂樹,2013 年度)「自治体の子育て支援と幼保一体化に関する実

証的研究」の一環として実施したものである。

● **参考文献**

阿部一知・原田泰（2008）「子育て支援策の出生率に与える影響——市区町村データの分析」『会計検査研究』第 38 号，103〜118 頁。

岩渕勝好（2004）『出生率の地域格差に関する研究』こども未来財団。

鎌田健司（2011）「多様化する次世代育成支援対策——前期行動計画の事業実績評価と政策波及パターンの測定」『人口問題研究』第 67 巻第 4 号，39〜61 頁。

小池司朗（2006）「出生行動に対する人口移動の影響について——人口移動は出生率を低下させるか？」『人口問題研究』第 62 巻第 4 号，3〜19 頁。

こども未来財団（2005）「出生率上昇に寄与する政策効果に関する研究」（主任研究者：岩淵勝好），『平成 16 年度 児童関連サービス調査研究等事業報告書』。

佐々井司・別府志海（2014a）「都道府県別にみた女性の年齢（5 歳階級）別出生率および合計特殊出生率：2013 年」『人口問題研究』第 70 巻第 4 号，534〜541 頁。

佐々井司・別府志海（2014b）「都道府県別標準化人口動態率：2013 年」『人口問題研究』第 70 巻第 4 号，528〜533 頁。

内閣府男女共同参画会議（2006）『少子化と男女共同参画に関する社会環境の国内分析報告書』男女共同参画会議「少子化と男女共同参画に関する専門調査会」。

松田茂樹（2007）「市区町村の次世代育成支援の現状」『Life Design Report』180 号，4〜15 頁。

第 **6** 章

少子化対策で将来の出生率や人口はどうなるか？
少子化対策と出生動向に関する将来シミュレーション

加藤久和・中野 諭

第6章 少子化対策で将来の出生率や人口はどうなるか？

1 少子化対策で将来の出生率や人口はどうなるか？

「エンゼルプラン」以来 20 年以上にわたって少子化対策が続いているが，合計特殊出生率は 1994 年の 1.50 から低下を続け，2005 年には 1.26 にまで落ち込んでいる。2006 年以降は団塊ジュニア世代が出産適齢期に入るなど少し出生率は回復したものの，依然としてその水準は低いままである。

このまま少子化の状態が続くなら，日本の総人口は減少し続け，2200 年にはおよそ 1000 万人程度まで落ち込むという試算もある（日本創成会議（2014）など参照）。もはや猶予はない時点にまで達したが，まだ手遅れということではない。

そのためにも，出生率は今後改善する見込みはあるのか，という点を改めて議論する必要がある。この章ではこうした問題意識のもとで，少子化対策によって将来の出生率や総人口がどのようになっていくかについて，シミュレーションを行ってみたい。

その結果を先取りするならば，少子化対策をさらに充実させていけば，合計特殊出生率は人口置換水準である 2.07 に到達する可能性があるということになる。

2 出生・人口予測モデルの構造

この節では予測モデルの技術的解説を行う。シミュレーションの結果だけに興味がある読者は、この節を読み飛ばしても問題はない。ただし、モデルの技術的特徴は、シミュレーションを行うにあたっての前提であるため、やや詳しい解説を行いたい[1]。

われわれが今回新た作成した出生・人口予測モデルは、以下の点を踏まえたうえで作成している。

第1に、少子化の要因（第2章）で議論したように日本では結婚と出生行動が密接に関連している。そのため、出生行動を記述するにはモデルに結婚行動を説明する要素が必要となる。

第2に、第2章で見てきた実証分析の結果にもあるように、女性の労働参加（あるいは活躍）と出生行動には関連があり、両立支援策等の充実が出生率改善に寄与する可能性がある。したがって、モデルではこれらの要素を組み込む必要がある。

第3に、しかしながら、両立支援策などの政策手段を直接計測する指標は少ない。その代理変数としては家族向け社会支出水準があり、これを政策変数としてモデルに組み込むことであ

---

1) ただし、モデルで用いた同時方程式体系の推定結果については掲載を省略している。推定結果が必要な場合は中央大学経済学部阿部研究室まで問い合わせられたい。

第6章 少子化対策で将来の出生率や人口はどうなるか？

る。

　第4として，出生行動は労働市場と密接な関連があるため，労働市場の需給をこのモデルに組み込む必要がある。そのため，労働政策研究・研修機構（JILPT）の労働力需給モデルを参考に，出生・人口予測に適した労働市場の需給モデル（以下，労働市場需給モデル）を新たに作成し，出生率等の将来推計を行うこととした[2]。

　第5に，将来推計で求められた出生率を前提にすれば，将来の総人口の推計も可能になる。人口推計に関しては，加藤が作成した日本創成会議・人口減少問題検討分科会（2014）の推計モデルがある。われわれのモデルでは，これを用いて将来の総人口や高齢化率等の試算を行うこととした。

　最後に，試算された総人口等の推計結果は出生率や労働力需給にフィードバックされ，それぞれの変数が再計算される。そして，すべての変数が一定の値に収束するまでこの計算が繰り返されることになっている。

　このように出生・人口予測モデルは多くの既存研究の成果をも取り入れたものである。モデルの全体構造を示したものが図6-1である。強調すべきはこの3つのパート（出生率推定ブロック，労働市場需給モデルおよび将来人口推計モデル）が相互

---

2) JILPTの労働力需給モデルは，将来の「労働力需給の推計」等を行っている（独立行政法人労働政策研究・研修機構，2014参照）。

2 出生・人口予測モデルの構造

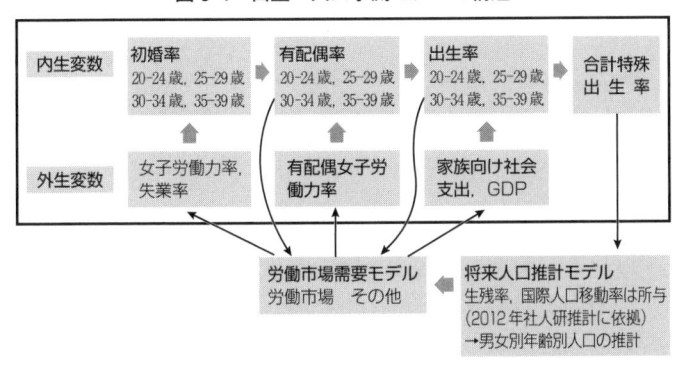

図6-1 出生・人口予測モデルの構造

```
内生変数    初婚率         → 有配偶率       → 出生率         → 合計特殊
           20-24歳, 25-29歳   20-24歳, 25-29歳   20-24歳, 25-29歳   出 生 率
           30-34歳, 35-39歳   30-34歳, 35-39歳   30-34歳, 35-39歳
                ↑               ↑              ↑
外生変数    女子労働力率,     有配偶女子労     家族向け社会
           失業率           働力率         支出, GDP
```

労働市場需要モデル　　将来人口推計モデル
労働市場　その他　　　生残率, 国際人口移動率は所与
　　　　　　　　　　　(2012年社人研推計に依拠)
　　　　　　　　　　　→男女別年齢別人口の推計

に内生的に連関して将来予測値を計算していることである。従来, 加藤 (2002) などのように経済・労働市場変数と結婚・出生関連ブロックとを内生的に結合する試みはあったものの, さらに総人口の推計もモデルに組み込み, 関連する要素をすべて内生的に計算するシステムは (筆者の知る限り) 存在していなかった。その意味では, 将来推計のためのシステムとしても初めての試みである。

2.1 出生率推定ブロックの構造

モデルの全体構造を示した図6-1のうち, 太い線で囲った部分が合計特殊出生率を推定しているブロックである。

このブロック (以下,「出生率推定ブロック」と言う) における内生変数 (モデルの中で解が求められる変数) は, 20歳から39歳までの5歳階級別に計算された①初婚率と②有配偶率, および③出生率である。このブロックでは次のように内生変数の解が求められている。

第6章 少子化対策で将来の出生率や人口はどうなるか？

　最初に，労働市場需給モデルで計算される女子労働力率や失業率などから，年齢階級別の初婚率が計算される。

　次に，年齢階級別の初婚率や有配偶女子労働力率などから，年齢別の有配偶率が求められる。

　さらに，この年齢階級別有配偶率と外生変数であるGDP成長率や家族向け社会支出の水準から年齢階級別出生率が得られる。

　そして最後に，この年齢階級別出生率から合計特殊出生率が求められる。

2.2 将来人口推計モデルの構造

　将来人口の推計は，国立社会保障・人口問題研究所（2012）による死亡率中位の仮定を前提に，その年齢別生残率と国際人口移動率を所与として，出生率推定ブロックで求めた合計特殊出生率を用いて男女別年齢別人口の計算を行っている。したがって，国立社会保障・人口問題研究所（2012）の出生中位・死亡中位のケースと異なるのは出生率の部分だけであり，この出生率は出生率推定ブロックで計算された結果を利用している。

　なお，ここで計算された将来の男女別年齢別人口は，労働市場需給モデルにフィードバックされて女子労働力率や失業率が再計算され，それらは出生率推定ブロックにもフィードバックされる。そして，各変数がある一定の値に収束するまで，この計算過程は続けられることになる。

2.3 労働市場需給モデルの概要

今回作成した労働市場需給モデルは，上でも触れたように，JILPTの労働力需給推定モデルを参考に構築されている。JILPTモデルとの主な違いは次の2点である。

第1に，われわれのモデルはJILPTのように産業別に労働力需要を決定する多部門のモデルではない。一国全体の労働力需要を決定するモデルに変更している。このように変更したのは，少子化対策によって出生率が上昇し，増加した人口が労働力となるには時間を要するため，労働市場との相互関係を考慮した出生・人口予測を行うにはシミュレーションの実施期間を長期にする必要があるからだ。ところが，シミュレーションの実施期間を長くするほど不確実性が高くなり，経済・産業構造の予測を行うことが困難になる。これゆえに，われわれは一国全体の労働力需要を決定するモデルに変更したのである。

第2に，出産適齢期の女性の労働力率を決定する方程式を詳細に記述する一方で，男性や他の年齢階級の女性の労働力率の決定はシンプルな自己回帰（AR）モデルで描写している点である。労働力率を規定する要因の将来想定も不確実性を伴うため，出産適齢期の女性以外の労働力率を規定する要因による影響を可能な限り除外することとした。

では，具体的に労働市場需給モデルの構造を説明しよう。モデルは労働力需要ブロックと労働力供給ブロック，そして需給調整ブロックからなっている。

まず，労働力需要ブロックで一国全体の労働力需要が，労働力供給ブロックでは性・年齢階級別労働力人口がそれぞれ計算される。

次に，労働力需給調整ブロックで，労働力需要ブロックと労働力供給ブロックでそれぞれ求められた労働力需要と労働力人口（性・年齢階級計）の比率から有効求人倍率および賃金上昇率が計算され，求められた有効求人倍率からは性・年齢階級別失業率が計算される。

その後，労働需給調整ブロックで求められた賃金上昇率は，労働力需要および供給ブロックにフィードバックされ，労働力需要および労働力人口が再計算される。そして，再計算された労働力需要および労働力人口は再び労働力需給調整ブロックに投入され，再度有効求人倍率や賃金上昇率，そして性・年齢階級別失業率が計算される。

このように，このモデルでは，賃金を媒介として労働力需給がバランスをとるように収束計算が繰り返され，各変数が求められる。なお，外生変数のうち労働時間は2014年実績値で一定と想定し，0歳から6歳人口に占める保育所・幼稚園在籍児童数の割合は過去の実績値のトレンドを延長して将来を想定している。消費者物価指数（CPI）は内閣府（2015b）におけるベースラインケースを参考に設定している。

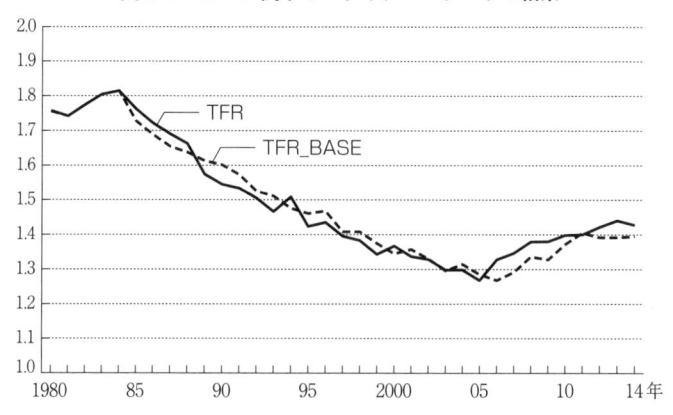

図6-2 TFRに関するファイナル・テストの結果

2.4 ファイナル・テストの結果

　出生・人口予測モデルの主たる目的は将来の合計特殊出生率の水準を推計することであるが、そのためにはわれわれのモデルが過去の合計特殊出生率をどれだけ正確にトレースできたかが重要になる。これをチェックするため、一般にはファイナル・テストを行う。ファイナル・テストでは、過去の実績値を使ってモデルを動かし、その結果得られた値（内挿値）と実績値とを比較するのである。

　図6-2が合計特殊出生率に関するファイナル・テストの結果である。グラフの実線（TFR）が実績値、破線（TFR_BASE）が内挿値を示している。これを見ると、われわれのモデルはおおむね過去の実績値を再現できていると言えよう。とりわけ、2005年前後の出生率の反転を再現できており、モデルの信頼性は十分にあると考えられる。

3 シミュレーションの実施と将来推計の結果

上で説明した出生・人口予測モデルを用いて，2035年までの合計特殊出生率を試算し，さらに2035年時点以降の出生率は一定であるという仮定のもとで2060年までの総人口の推計を行う[3]。

出生率推計ブロックで用いている外生変数は，名目GDP水準（あるいは名目GDP成長率），家族向け社会支出の対GDP比，そして大学等進学率である[4]。このうち，大学等進学率は過去の実績値のトレンドを延長して将来を想定している。他方，名目GDPと家族向け社会支出の対GDP比の2つの変数は，その設定によって将来の合計特殊出生率や総人口の規模が変化することになっており，われわれはその設定を変えることでシミュレーションしている。

具体的な将来推計のためのシミュレーションケースは，以下のように設定している。

①ベースラインケース

---

3) なお，出生率推計ブロックでは2012年までの変数が実績値として得られているが，将来推計の開始時点は2014年度からとした。
4) 失業率や労働力率は労働市場需給モデルで計算される値を用いている。

3 シミュレーションの実施と将来推計の結果

- 名目 GDP 成長率については，内閣府（2015b）におけるベースラインケースを参考に，2020 年度以降 1.4％ 程度，また 2030 年度以降は 1.0％ と設定した[5]。
- 児童家族関係給付費の対 GDP 比は現行（2012 年）の 1.2％ が 2035 年には 2.0％ になるとした（国立社会保障・人口問題研究所「社会保障給付費」）。

②シミュレーションケース 1

- 名目 GDP 成長率については，①のベースラインケースと同様。
- 児童家族関係給付費の対 GDP 比は 2035 年まで現行の 1.2％ のままとした。

③シミュレーションケース 2

- 名目 GDP 成長率については，内閣府（2015b）における経済再生ケースを参考に，2020 年度以降 3.6％ 程度，また 2030 年度以降は 3.0％ と設定した。
- 児童家族関係給付費の対 GDP 比は 2035 年まで現行の 1.2％ のままとした。

---

5) なお，内閣府「中長期の経済財政に関する試算」は 2015（平成 27）年 2 月 12 日に公表されたものを使用した。同年 7 月 22 日に公表された試算もあるが，結果はほぼ変わらないため 2 月のものを使用している。また，経済再生ケースの成長率はやや高いこともあり，ここでは内閣府のベースラインケースをシミュレーションの基準ケースと考えた。

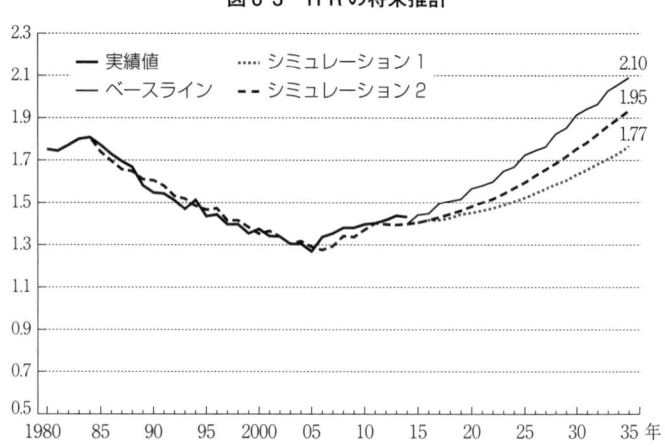

第6章 少子化対策で将来の出生率や人口はどうなるか？

図 6-3 TFR の将来推計

3.1 出生率の将来推計

　上記の条件で 2035 年までの合計特殊出生率を予測した結果が図 6-3 である。ベースラインケースでは 2014 年に 1.42，2020 年 1.57，2025 年 1.73，2030 年 1.92 と推移し，2035 年では 2.10 に達すると予測された。この上昇の背景には児童家族関係給付費（家族向け社会支出）が現在の 1.2% から 2.0% へと上昇することが大きく影響していると考えられる。

　一方，シミュレーションケース 1 では，現行の児童家族関係給付費の水準が変わらないことから，合計特殊出生率は 2025 年で 1.52，2035 年でも 1.77 にとどまると予測される。少子化対策を今までよりも充実させなければ，出生率はベースラインケースほど伸びない。

　以上のことから，少子化対策をさらに充実させることで出生率は改善すると言える。

3 シミュレーションの実施と将来推計の結果

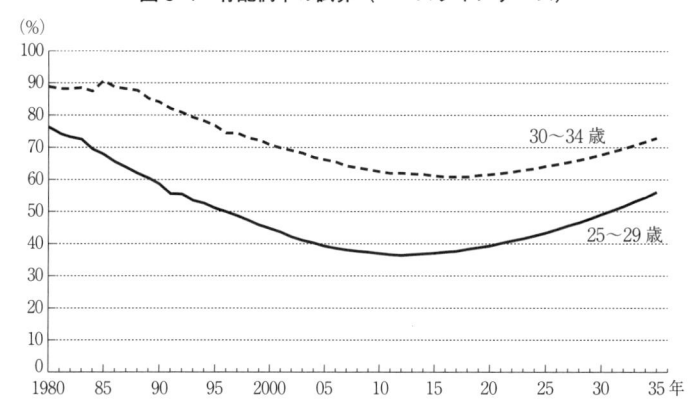

図6-4　有配偶率の試算（ベースラインケース）

ただし，シミュレーションケース2のように，児童家族関係給付費の水準が変わらなくても名目GDP成長率が高まれば，合計特殊出生率は高まる可能性がある。シミュレーションケース2では，2025年の合計特殊出生率は1.59，2035年では1.95となる。このケースでは，人口の置換水準である2.07に到達することは難しい。

図6-4は25〜29歳，30〜34歳の有配偶率のベースラインケースにおける予測値を示したものである。これによると25〜29歳有配偶率は2014年の36.9％から2025年に43.4％，また2035年には55.9％に上昇すると予測される。また30〜34歳の有配偶率は2014年の61.6％から2018年ころまで低下するが，その後反転し，2025年に63.9％，2035年には72.7％に達すると予測される。

図6-5は同じくベースラインケースによる年齢5歳階級別の出生率である。20〜24歳の出生率は，2014年の34.4‰からや

147

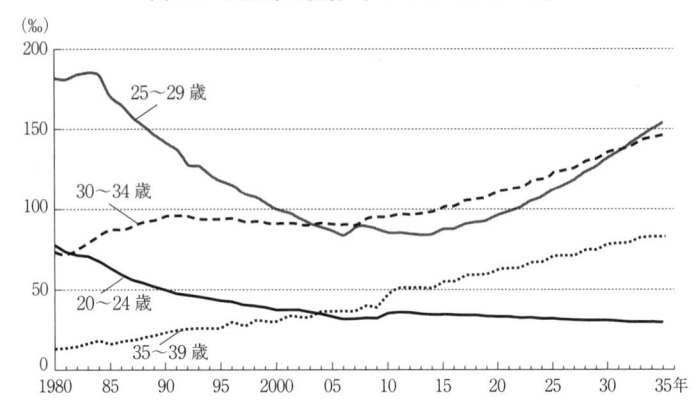

第6章 少子化対策で将来の出生率や人口はどうなるか？

図6-5 出生率の試算（ベースラインケース）

や低下し，2035年には29.1‰になる。しかし，それより上の年齢層では出生率が上昇していくと予測された。25～29歳では2014年の84.3‰から2035年154.5‰，30～34歳では同じく97.9‰から146.4‰，35～39歳では同じく51.1‰から82.9‰へと上昇すると予測された。

以上の結果は，20歳代前半の出生率の低下傾向は覆らないものの，20歳代後半の出生率は1980年代半ばの水準に戻り，また30歳代の出生率も傾向的に上昇が続くことから，合計特殊出生率が今後は上昇することを示唆している。

3.2 総人口の将来推計

上で説明した出生率のベースラインケースにおける将来推計の結果をもとに，2060年までの将来人口の予測を行った。なお，2035年以降の合計特殊出生率はシミュレーションで得られた2.10の水準に固定している。

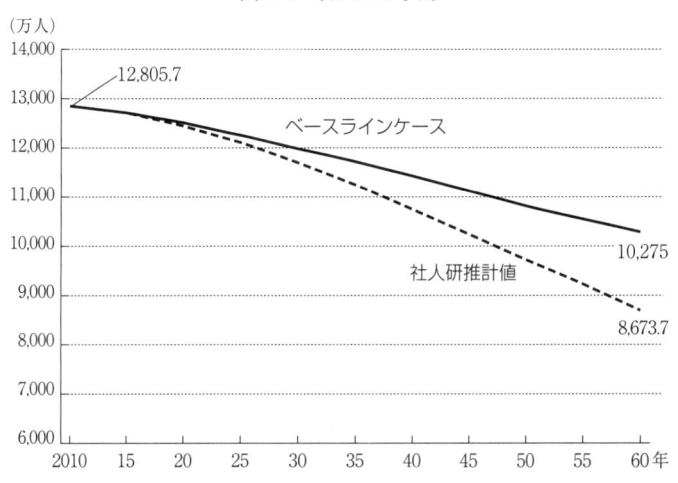

3 シミュレーションの実施と将来推計の結果

図6-6 総人口の予測

(万人)
- 2010年: 12,805.7
- ベースラインケース: 2060年に10,275
- 社人研推計値: 2060年に8,673.7

図6-6が，将来人口の推移を示したものである。図中の実線はわれわれのモデルで予測された将来人口，破線は国立社会保障・人口問題研究所（社人研）が発表している将来人口である。

2010年の国勢調査では日本の総人口は1億2806万人であったが，国立社会保障・人口問題研究所 (2012) による出生率中位・死亡率中位の仮定では2060年の総人口は8674万人にまで減少するとしている。

これに対してわれわれのモデルでは，2030年に1億1952万人，2050年に1億791万人，また2060年では1億275万人と，総人口は漸減するものの，2060年においても1億人の水準を維持することができると予測されている。

一方，2010年に23.0％であった高齢化率（65歳以上人口比率）は，国立社会保障・人口問題研究所 (2012) の予測では

2060年に39.9%にまで急速な上昇を見せている。しかし，われわれのモデルでは，高齢化率は高まるものの，2030年で30.8%，2050年でも34.9%にとどまり，2050年をピークに2060年では33.6%へと低下することとなる。

4 将来の日本社会のために現世代ができること

　この章では，われわれが新たに構築した出生・人口予測モデルを用いて，合計特殊出生率や総人口などの将来推計を行った。

　出生率の将来推計では，少子化に関連する社会支出（児童家族関係給付費）が多くなるほど，また経済成長率が高まるほど出生率は改善する傾向が見られることから，児童家族関係給付費の水準を現行（2012年）の1.2%から2.0%へ高めることで，合計特殊出生率は人口の置換水準となる2.07程度まで上昇する可能性があることなどがわかった。

　一方，現実の政府債務の水準や2020年にプライマリー・バランスの黒字化を目標としているわが国において，この児童家族関係給付費を2倍近くに引き上げることは容易なことではない。

　実額で見れば，2012年におよそ5.5兆円であった同給付費を（GDP水準が変わらないと仮定すれば）9.2兆円程度まで引き上げることになる。およそ4兆円程度の引き上げは，消費税率

にすると1.5%程度に相当する（1%でおよそ2.7兆円程度の増収と仮定）。社会保障と税の一体改革では，子育て支援のためにおよそ0.7兆円を手当するとしているが，それではとても足りない。

児童家族関係給付費を純増させることが難しい状況では，その他の経費，とりわけ高齢者向けの社会保障給付費等を見直す必要が出てくるであろう。所得や資産を基準にして年金や医療・介護などの社会保障給付の対象者に一定の制約を設けるなど，給付額の効率化を進めることが必要である。

とは言え，これらは現行制度を大きく変更することになり，早急に実現できるものではないだろう。残された途は消費税率のさらなる引き上げが考えられよう。

少子化問題は，長期的にはわが国経済社会の存立を危ういものとする可能性のある重大な課題である。短期的な景気動向や経済成長の減速などにとらわれず，出生率の引き上げのために思い切った決断をすべきではないだろうか。

● **参考文献**

加藤久和（2001）『人口経済学入門』日本評論社。

加藤久和（2002）「結婚・出生の将来予測——経済社会モデルによるアプローチ」『人口問題研究』第58巻第4号，22〜46頁。

加藤久和（2013）「わが国の人口推移とその構造——過去・現在・未来」，山重慎二・加藤久和・小黒一正編著『人口動態と政策——経

済学的アプローチへの招待』第1章，日本評論社，所収。

加藤久和（2014）『社会政策を問う——国際比較からのアプローチ』明治大学出版会。

国立社会保障・人口問題研究所（2012）『日本の将来推計人口（平成24年1月推計）』国立社会保障・人口問題研究所。

独立行政法人労働政策研究・研修機構（2014）『労働力需給の推計——労働力需給モデル（2013年度版）による政策シミュレーション』資料シリーズ No. 129（http://www.jil.go.jp/institute/siryo/2014/documents/0129.pdf）。

内閣府（2005）『平成17年版 少子化社会白書』。

内閣府（2015a）『平成27年版 少子化社会対策白書』。

内閣府（2015b）「中長期の経済財政に関する試算」（平成27年2月12日，経済財政諮問会議提出資料）。

日本創成会議・人口減少問題検討分科会（2014）「ストップ少子化・地方元気戦略」，提言（http://www.policycouncil.jp/pdf/prop03/prop03.pdf）。

おわりに
何が問題で何が必要か？
少子化対策に望まれること

わが国の持続可能性はあるか？

　2015年9月24日。この日の記者会見で安倍晋三首相は，2020年に向けた経済成長の推進力となる新たな「3本の矢」として，社会保障の充実につながる介護離職ゼロなどとともに，合計特殊出生率1.8を目指す子育て支援を目標として掲げることを明らかにした。これを受け，第三次安倍改造内閣では一億総活躍を担当する内閣府特命担当大臣が任命され，2015年10月に「一億総活躍推進室」が内閣官房に設置された。

　この稿を執筆している時点で，一億総活躍社会がどのような社会を目指し，そのためにどのような政策を行って行くのか，その具体は明らかにはなっていない。しかし，少子高齢化が進むわが国において，少子化を反転させつつ，持続的社会を実現させるための政策は，わが国の将来を左右する非常に重要なものとなるだろう。

　まず，わが国社会の持続可能性を考えると，われわれにのしかかってくるのが人手不足の問題である。国立社会保障・人口問題研究所の「人口統計資料集」および「将来推計人口世帯数」によると，労働が可能な15歳以上人口のピークは2013年の約1億1100万人だった。このうち生産年齢人口と呼ばれる15～64歳人口の減少はより早く始まっており，すでに1995年

表1 人口とGDP

	(1) 実質GDP (兆円)	(2) 総人口(千人)	(3) 人口一人あたり GDP(万円)	(4) 労働生産性 (万円)	(5) 就業者数 (千人)	(6) 就業率(%)
2010年	512.4	128,057	400	814	62,980	77.1
2030年	466.6	116,618	400	814	57,354	84.7
2050年	388.4	97,076	400	814	47,743	95.5
2050年	388.4	97,076	400	1,008	38,537	77.1

(注) 2005年価格で実質化。労働生産性は就業者一人あたり実質GDP。就業率は生産年齢人口に対する就業者数の比率。
(出所) 「国民経済計算」「国勢調査」「労働力調査」より筆者作成。

には8700万人でピークを迎えていた。これ以降，2015年までに毎年100万人，多い年には120万人ほど，生産年齢人口が減少してきた。今後も年に50万から110万人程度が減少し，2050年には5000万人程度の生産年齢人口になると予測されている。人手不足が今後も継続的に顕在化する可能性は高い。

ところで，一国全体の経済の大きさを映し出す国内総生産（GDP）は，就業者数と就業者一人あたりの生産額（労働生産性）を掛け合わせたもので定義できる。2010年の物価変動の影響を除いた実質GDPは約512兆円で，これを創り出す就業者数は約6298万人だった。したがって，就業者1人あたりの実質GDPは約814万円となる（表1）。これは，就業者が一人あたり814万円分働いて512兆円のGDPを創り出したということを意味している。

さらに，GDPは総人口と人口一人あたりGDPを掛け合わせても求められる。2010年の総人口は約1億2800万人であるから，人口一人あたりGDPは約400万円であった。このことは，

おわりに

国民が一人あたり約400万円の生活を送るとGDPは512兆円必要だったということを意味している。

では、国民一人あたりの生活水準が2010年と同じ400万円で今後も続くとすると、GDPはいくら必要になるだろうか。国立社会保障・人口問題研究所の将来人口推計では2050年の総人口は約9707万人（中位推計）になるので、400万円に9707万人を掛け算すると約388兆円となる。

このとき、388兆円のGDPを創り出すには何人の就業者が必要だろうか。もしも労働生産性に変化がなく、一人あたり生産額が814万円のままだとすれば、約4770万人の就業者が不可欠となる。

だが、これは、2050年時点での生産年齢人口は約5000万人と予測されているから、生産年齢人口の約95％が就業しないと達成不可能な数だ。ちなみに2010年での15～64歳の就業率は77％なので、95％という数字は現在よりも圧倒的に高い割合で人々が就業しなければならないことを意味している。

もし労働生産性が高まれば4770万人よりも少ない人数で388兆円を創り出すことは可能であろう。だが、それでも女性や高齢者の活躍がなければ生活水準が低下したり、地域社会が成り立たなくなったりする可能性はある。それゆえ、能力があって働く希望のある人が活躍できる社会を実現させていくことは望ましいことだと言える。

他方で、わが国の持続可能性のために少子化を反転させるこ

とも重要だ。少子化が反転して若年人口が増加すれば，社会も活性化するだろうし，人手不足の解消にもつながる。

とは言え，少子化を反転させることはそう簡単な話ではない。これまで四半世紀にわたって行われてきた政策で少子化問題を十分に克服できなかったことが，その証左である。

さらに，「一億総活躍」が促進されることで，かえって少子化をいっそう進めることにもなりかねない。とくに女性が活躍することで，結婚や出生に対してマイナスに影響する可能性は，現状のようなシステムでは否定できない。

では，どうしたら少子化を反転させることができるのだろうか。この本では，少子化が進んできた背景と，これまで行われてきた少子化対策の効果について，検証してきた。その結果として，わかったことがいくつかある。

結婚や子育ての費用が高いことが問題

第1にわかったことは，第2章で論じたように，少子化が進んできた背景として最も大事なことが，わが国では結婚することが難しくなってきた，ということである。

わが国では，子どもを産むには結婚することが大前提となっており，結婚せずに出産する女性はわずかである。このため，出生率を高めるには婚姻率をまず高めることが重要だが，わが国の婚姻率はむしろ低下する一方だ。

わが国で人々の結婚が難しくなっているのは，男女の出会い

が少ないからではない。しばしば男女の出会いが少ないということで、自治体が「お見合いパーティー」などを開催することがあるが、それで婚姻率が高まっているという証左はない。むしろ男女が出会っていたとしても、その二人が結婚に踏み切りにくくなっているのが問題なのだ。国立社会保障・人口問題研究所の「第14回　出生動向基本調査」は結婚した男女が結婚する前の交際期間を調べているが、1987年は平均すると2.54年だったものが年々長くなり、最新の2010年には4.26年にも伸びている。

　男女がなかなか結婚に踏み切れないのは、第2章と第3章の分析結果が示すように、「結婚することの費用」が高いことに原因がある。この「結婚することの費用」は、結婚式や新居の費用が高いということではない。われわれが考えているのは、結婚による機会費用のことだ。とくに女性は結婚や出産によって就業を断念する傾向がいまだにあるが、そのことは就業すると得られる所得を放棄することに等しく、結婚することの費用（機会費用）となる。近年、女性の高学歴化が進んだこともあって、女性の平均賃金水準が高くなっており、結婚することの費用は以前と比べて高くなっている。これが結婚に踏み切れない大きな理由だ。

　このことから、婚姻率を高めるには女性の結婚することの費用をいっそう下げることが大事である、とわれわれは考える。そのためには、結婚や出産によって就業を断念しなくてもすむ、

仕事と家庭生活の両立可能な社会を実現することである。

　少子化対策というと，子育て費用の低減のための保育所整備や奨学金制度の充実といったことがまず言われる。が，それらの施策も重要かもしれないが，その前に男女が結婚しなければ子どもは生まれない。まずは婚姻率を高める政策である仕事と家庭生活の両立可能な社会を実現することが大事である。

少子化対策の絶対量が足りないことが問題

　第2にわかったことは，これまで行われてきた少子化対策それ自体は，少子化の反転に一定の効果があるけれど，総体としては少子化を食い止めることができていないという点だ。

　わが国で少子化が進んだ理由の1つとして，結婚や子どもを持つことの費用が高まっていることをあげた。これに対して，第4章や第5章の分析では，近年の保育所整備や企業によるワーク・ライフ・バランスの推進は，女性の結婚・出産と就業の両立可能性を改善させてきており，結婚や子どもを持つことの費用を低減させている効果が少なからずあることが示されている。

　しかしながら，既存の少子化対策は総体として出生率には影響していない。たとえば，第5章で見てきた基礎自治体に対するアンケート調査の結果からは，すべての自治体において少子化対策が当該地域の出生率を高めているという証左は得られていない。また，マクロの合計特殊出生率も高まっているわけで

はない。

　では、少子化対策が出生率にポジティブな効果がある一方で、その効果が明確に観察できないのはなぜだろうか。その答えとしてわれわれが考えたことの1つは、政策資源投入の絶対量が不足しているという点だ。つまり、少子化対策の効果がはっきり得られるだけの政策資源投入がなく、そのために出生率に施策が影響していないのだ。

　たとえば、2013年度の社会支出総額は114兆1356億円で、これは対GDP比で23.63％になっているが、このうち少子化対策の費用と考えられる児童家族関係給付費は5兆4881億であり、対GDP比では1.43％に過ぎない。これに対して、諸外国の対GDP比で見た同分野への支出割合は、アメリカの0.74％を除けば、イギリス3.97％、ドイツ2.24％、スウェーデン3.64％、フランス2.94％となっており、概してわが国よりも高い割合となっている。移民が多いアメリカを除けば、他の先進諸国の少子化速度はとても緩いか、少子化は止まっている。

　わが国で少子化対策費用への支出が少ない一方で、高齢者分野への支出は54兆6247億円であり、対国GDP比では11.31％となっている。そして、この高齢者分野に対する対GDP比は諸外国のよりも高い水準となっている。

　つまり、少子化対策それ自体は効果があるとしても、少子化対策に関する政策資源の投入量が少ないために、結果として施策の効果が見られないのである。第6章のマクロモデルのシミ

ュレーションでは，少子化対策への支出が対GDP比で2％になれば，出生率は2.0に近づくという結果が得られている。少子化を反転させるためには，政策資源を少子化対策により多く投入していく必要がある。

少子化対策のコーディネーションに問題

第3にわかったことは，政策資源の投入に関するコーディネーションにも問題があるということだ。

たとえば，ワーク・ライフ・バランス政策の実施主体は雇用主であるが，ワーク・ライフ・バランス制度の策定を法的に義務づけていても，その内容は雇用主によってバラツキがあるし，制度の運用も異なっている。このため，ワーク・ライフ・バランス政策が少子化対策として効果があるとしても，その影響は雇用主の人事・労務管理の方針次第であり，その分だけ効果は低減する。

第4章で見たように，女性の継続就業率が伸びてきた背景には，制度を導入するかどうかよりも，企業が制度をどう運用して利用者を増やしたかが影響していた。育児・介護休業法は，制度導入の義務について企業に問うているが，その運用実態までは問うていない。しかし，重要なのは制度の運用や利用であり，そうしたソフト面での政策展開が非常に重要なのだ。たとえば，両立支援に熱心で制度運用に長ける企業を「くるみんマーク」などで表彰し，そうした企業を消費者が応援する，とい

った取り組みを促進していくことが重要だ。

　また、第5章で見たように、地方自治体の少子化対策の具体的内容も各自治体に任されている。その結果、子育て世代の世帯が制度の整っている自治体へ転入する傾向があるが、制度の整っていない自治体からは転出が増える傾向があった。その結果、子育て世代の転入があった自治体では出生率が回復傾向にある一方、転出が増えた自治体では出生率が悪化するという、ゼロサムゲームの状況が見られる。このため、出生率が高まった自治体があるのに、わが国全体では出生率は高まらないということが起きている。

　こうした自治体間でのゼロサム的状況を避けるには、各自治体の状況を踏まえつつも、自治体間での施策の調整や協業をしていく必要があるだろう。たとえば、市町村間の施策を都道府県が調整したり、市町村を越えて制度を適用するなど、柔軟な対応も必要だろう。

　さらに、国民あるいは企業が政府や地方自治体の少子化対策を十分に認知していない点にも課題がある。このため、助成があっても利用されなかったり、助成を知らないために行動、たとえば結婚や出産を控えたりすることもありうる。これが施策の効果を小さなものにしている可能性がある。施策が効果的だとしても、その施策を有効に利用してもらう戦術がなければ、実効性のある施策にはなりえない。

少子化を食い止めるために

　少子化で日本社会の持続可能性が揺らいでいる。少子化を食い止めることは、働き手や地域の担い手の不足の問題だけでなく、国富（民間および社会ストック）や社会保障、財政などさまざまな問題の解決につながる。

　少子化を反転させるためには、

　①生活と仕事の両立可能な社会を実現し、人々の結婚や出産のための費用を減らす

　②従来の少子化対策は効果があるのだが、その効果をより大きなものとするために政策資源の投入量を増やす

　③少子化対策をより有効にするには、個々の施策を有効に利用してもらう戦術が必要

ということが、これまでの少子化対策の検証を通じてわかったことだ。

　これに加えて少子化対策を考えるうえでもう1つ大事なことがある。それはこれまでの少子化対策で抜け落ちてきたことだ。実はこれまでの少子化対策では目標値が設定されてこなかった。国もそうだし、地方でもそうだ。「新たな三本の矢」で合計特殊出生率1.8を目指すとされたが、こうした目標値が設定されたのは第二次世界大戦後で初めてだ。

　これまでの少子化対策は目標値が設定されておらず、必要な政策資源の投入量やコーディネーションが曖昧になっていた面は否めない。国も自治体も、少子化対策の政策評価を十分に行

ってきておらず，PDCAサイクルは十分に回されてこなかった。目標値がないのだから，政策評価を行うことは難しい。

　合計特殊出生率1.8が少子化対策の目標値としてよいのかどうかは議論があるだろう。そうした議論も含め，目標値を設定し，政策のPDCAサイクルを回していくことが今後の少子化対策を効果的にするうえで第一に必要なことだ。

　それには，結婚や出産を家族あるいは個人の問題として捉えるのではなく，社会全体の問題として考え，議論されていくことが望まれる。

　2015年12月

阿部　正浩

事項索引

● あ　行

アベノミクス　12
新たな３本の矢　153, 162
育児・介護休業法　37, 95, 101, 160
育児休業　37, 38
　——給付　38, 44
　——制度　37, 92
移住・定住者への住宅支援　129
一億総活躍　153, 156
1.57 ショック　11, 30
一般事業主行動計画　43
エンゼルプラン　13, 32, 49, 136

● か　行

介護離職ゼロ　153
階層化する日本社会に関するアンケート調査　80
家計内分配　66
家事育児時間　87

家　族
　——関係支出　44
　——分業制度　87
　——向け社会支出　137
家庭的保育（保育ママ）　41
完結出生児数　24, 52
機会費用　27, 66, 76, 157
企業誘致　128, 133
教育負担仮説　80
居宅訪問型保育　43
緊急保育対策等５か年事業　33
均等化施策　92
くるみん認定　37, 43
くるみんマーク　102, 160
慶應義塾家計パネル調査　60, 80
結　婚　156
　——行動　23, 25
　——支援　119, 120
　——・出産と就業の両立支援　71
　——・出産による離職率　62
　——することの費用　157

——相談・結婚仲介　124
　——と継続就業の両立のしやすさ　57
　——と就業の両立の困難さ　49
　——の経済学　64
　——のメリット　65
　——満足度のＵ字曲線　77
合計特殊出生率（TFR）　11, 22, 29, 39, 48, 110, 113, 118, 136, 143, 150, 153
　——の低下の要因分解　51
　都道府県別の——率　110, 112
　母の年齢別に見た——　113
公的保育制度　118
行動計画策定指針　37
幸福度　76
高齢化　11, 13, 114
　——社会　11
　——率　11, 149
高齢社会　11
　——対策基本法　14
　——対策大綱　14
国内総生産（GDP）　154

　——成長率　145
国立社会保障・人口問題研究所（社人研）　140, 149, 153, 155
子育て
　——関連３法　41
　——コスト　66
　——サポート企業　37
　——する企業　94, 102
　——の負担　76
　——ひろば　124
子育て支援　32, 41
　——サービス　33
　——・両立支援　117
　家庭での——　124
子ども
　——医療費の上乗せ助成　118
　——医療費の無料化　124
　——と生活満足度（満足度）　77, 79, 81
　——の価値　79
　——を持つことのコスト　27
　——を持つことのメリット　66
子ども・子育て

事項索引

　　――応援プラン　34
　　――支援新制度　41
　　――支援制度　40
　　――支援法　121
　　――ビジョン　14,36
子ども支援センター　118
「子どもと家族を応援する日本」
　　重点戦略　35
コミュニティ　12
雇用創出力　128
コレクティブモデル　64,66
婚姻率　156
婚　活　24

● さ　行

事業所内保育　43
事業主行動計画　37
自己回帰（AR）モデル　141
仕事と家庭
　　――生活の両立可能な社会
　　　158
　　――の両立　120,121
　　――の両立支援策　38
仕事と子育て
　　――の両立支援策の方針につ
　　　いて　33

　　――の両立支援　43
仕事と生活
　　――の調和憲章　35
　　――の調和推進のための行動
　　　指針　35
次世代育成支援　32,37
　　――対策推進法　36,43,93,
　　　101,102
施設型給付　41
持続的社会　153
児童家族関係給付費　145,
　　146,150
児童手当の上乗せ　124
社員自立化因子　96
社会支出　159
社会の持続可能性　153
社会保障　12
　　――給付費　151
　　――支出　12
　　――と税の一体改革　41,
　　　151
社会民主主義国家　83,84
若年人口　121
　　――移動　115
社人研　→国立社会保障・人口
　　問題研究所
自由主義国家　83,84

167

住宅支援　133
出生・人口予測モデル　137, 139, 143
出生動向基本調査　157
出生率
　——等の将来推計　138
　——の将来推計　146
小1の壁　40
生涯未婚率　51, 68
小規模保育　41, 121
少子化　22, 48, 50, 116, 119, 136, 156
　——に関する基本的考え方について　31
　——に関連する社会支出　150
　——の原因　54
　——の反転　155, 158, 162
　——の要因　23, 117
　——問題　22, 151
少子化危機突破
　——タスクフォース　45
　——のための緊急対策　32
少子化社会
　——対策会議　35
　——対策基本法　34
　——対策大綱　14, 39

少子化対策　13, 15, 30, 69, 71, 120, 121, 132, 136, 158, 159
　——基本法　14
　——推進基本方針　31
　——のコーディネーション　160
　——の政策評価　162
　——の目標値　162
　——費用　159
　狭義の——　110, 131, 133
　広義の——　110, 131, 133
　市区町村の——　123
少子高齢化　12, 35, 92, 153
消費生活に関するパネル調査　60, 80
将来推計人口　35, 36, 155
初婚率　25
女　性
　——管理職比率　97, 100
　——従業員の離職率や就業率　93
　——正社員比率　97, 100
　——戦力化因子　96
　——の意思決定　64, 70
　——の活躍　40
　——の継続就業率　96
　——の結婚・出産と就業のト

レードオフ　70
　　――の子育て負担　86, 87
　　――の雇用形態別賃金　67
　　――の就業継続　99
　　――の就業促進　71
　　――の未婚率　54
　　――の労働市場への参加　54
　　――の労働力　57
　　――の労働力率　54
　　――部長比率　97, 100
所定外労働免除　95
新エンゼルプラン　14, 33
人口推計　138
人口置換水準　11, 22, 39, 48, 136, 150
人口流出　129
新待機児童ゼロ作戦　34
ストップ少子化・地方元気戦略　114
生活満足度　76
生産年齢人口　153, 155
生年コーホート　60
ゼロサムゲーム　133, 161
総人口　136, 149, 155
　　――の将来推計　148
　　――変化率　128

● た　行

待機児童　33, 40, 42, 117, 118
　　――解消加速化プラン　42
　　――ゼロ　118
　　――ゼロ作戦　33, 34
　　――対策　132
脱家族化　83
短時間勤務制度（短時間労働制度）　38, 93, 95
男女共同参画会議　33
男女雇用機会均等法　92
男女の子育て負担感の違い　78
男　性
　　――の家事育児参加　88
　　――の子育て負担　86
地域型保育給付　41
地域子ども・子育て支援事業　42
地方公共団体行動計画　37
地方自治体（自治体）
　　――が行ってきた少子化対策　110
　　――の少子化対策　161
　　人口規模の小さい――

132
　人口5万人以上の──　126
地方創生　29, 40, 111, 120
超過理想子ども割合　85
超高齢化社会　11
賃金差
　雇用形態間の──　70
　男女の──　68
定住支援　133
定住施策　122
転出者率　128, 129, 131
都市部と地方との人口移動　29

● な　行

21世紀出生児縦断調査　60, 62
日本再興戦略　42
日本創成会議　29, 114, 138
妊産婦検診の経済支援　124
認証保育園　118
認定こども園　121
年齢階級別の出生率　147

● は　行

働き方の見直し　32, 35
パパ・ママ育休プラス　38
晩婚化　26, 31, 51, 117
非婚化　48, 51, 52, 54, 56, 68
　──対策　69
　──の発生メカニズム（要因）　65, 70
非正規労働者　68
非嫡出子　23, 50
病児・病後児保育　118
非労働力化　57
ファミリー・サポート・センター　124
不安定就労　117
夫婦の子ども数に関する支援施策　120
福祉レジーム　83
不妊治療への経済支援　124
プラチナくるみんマーク　102
平均出生児数　31
平均初婚年齢　25
平均予定子ども数　24
平均理想子ども数　31

保　育
　　——サービス　33
　　——支援　121
　　——制度　117
保育所　118, 121
　　——整備　158
保育ママ　→家庭的保育
保育料
　　——軽減　124
　　——助成　118
放課後対策　118
包括的な次世代育成支援の枠組み　35
母子保健　118
保守主義国家　83, 84

● ま　行

未婚化　26, 117
　　——の原因　67
未婚率　31, 31

● や　行

有配偶出生率　51
有配偶率　147
幼稚園　121
　　——の入園料・授業料の軽減　124
幼保連携型認定こども園　42

● ら　行

理想子ども数　85
両立可能性　49, 57, 68
　　——の指標　62
両立支援策　69, 137
労働時間
　　——制度　93
　　——短縮施策　96
労働市場需給モデル　138, 141
労働政策研究・研修機構（JILPT）　138, 141
労働生産性　155

● わ　行

ワーク・ライフ・バランス（WLB）　40, 158, 160
　　——憲章　35
　　——施策　92
　　——制度　98

171

● アルファベット

Blinder-Oaxaca 分解　98, 102
GDP　→国内総生産
JILPT　→労働政策研究・研修機構
M字カーブ　57, 92
PSID（Panel Study of Income Dynamics）　77
TFR　→合計特殊出生率
Uターン　116, 122, 129
WLB　→ワーク・ライフ・バランス
World and European Integrated Values Survey　81
WVS（World Values Survey）　78

人名索引

a

阿部正浩　93
安倍晋三　153
Adams, J.　77
朝井友紀子　93

b

Becker, G. S.　27, 76
Behrman, J. R.　77

e

Edwards, N.　76
Esping-Andersen, G.　83

h

Hansen, T.　79
樋口美雄　93

k

影山純二　79
金子能宏　93
柏木惠子　79
加藤久和　27, 138, 139
加藤隆夫　93

児玉直美　93
Kohler, H. P.　77

l

Leibenstein, H.　76
Lewis, H. G.　76

m

馬欣欣　93
Margolis, R.　78, 83
松浦司　79, 80
McDonald, P.　87
McLanahan, S.　77
水落正明　93
森田陽子　93
Myrskylä, M.　78, 83

n

永瀬伸子　61

o

大日康史　93

s

佐藤一磨　93

滋野由紀子　93
白石賢　80
白石小百合　80
Skytthe, A.　77
Sorensen, A. B.　77
Stanca, L.　79

t

Tao, H.-L.　77

照山博司　80

u

宇南山卓　62, 65, 67, 68

w

Waldfogel, J.　93
White, L.　76

● 編著者紹介

阿部 正浩（あべ　まさひろ）
中央大学経済学部教授，博士（商学）
慶應義塾大学，同大学院で学び，一橋大学経済研究所助教授，獨協大学経済学部教授等を経て，現職。
専攻は，労働経済学，計量経済分析，経済政策。
主要著作に，『日本経済の環境変化と労働市場』（東洋経済新報社，2005年，日経・経済図書文化賞，労働関係図書優秀賞受賞），『日本企業の人事改革』（共著，東洋経済新報社，2005年），『キャリアのみかた（改訂版）』（共編著，有斐閣，2014年）など。

少子化は止められるか？――政策課題と今後のあり方
Stop the Declining Birthrate

2016年3月25日　初版第1刷発行

編著者	阿	部	正	浩
発行者	江	草	貞	治
発行所	株式会社	有	斐	閣

郵便番号 101-0051
東京都千代田区神田神保町2-17
電話 (03) 3264-1315〔編集〕
　　 (03) 3265-6811〔営業〕
http://www.yuhikaku.co.jp/

印刷・株式会社理想社／製本・大口製本印刷株式会社
Ⓒ 2016, Masahiro Abe. Printed in Japan
落丁・乱丁本はお取替えいたします。
★定価はカバーに表示してあります。

ISBN 978-4-641-16472-7

JCOPY　本書の無断複写（コピー）は，著作権法上での例外を除き，禁じられています。複写される場合は，そのつど事前に，(社)出版者著作権管理機構（電話03-3513-6969, FAX03-3513-6979, e-mail:info@jcopy.or.jp）の許諾を得てください。